J. BOULANGER

NOS NOUVELLES COLONIES

LE CONGO

PAR

EMMANUEL RATOIN

Alfred Mame et Fils
Éditeurs
Tours

LE CONGO

2ᵉ SÉRIE IN-8º

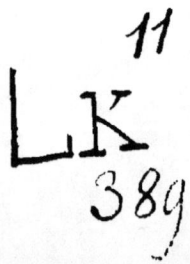

PROPRIÉTÉ DES ÉDITEURS

Gorille tuant un nègre.

NOS NOUVELLES COLONIES

LE CONGO

PAR

EMMANUEL RATOIN

TOURS

ALFRED MAME ET FILS, ÉDITEURS

M DCCC XC

LE CONGO

CHAPITRE I

Limites, orographie, fleuves, lacs, territoires. — Avons-nous des villes au Congo? — La température. — La saison sèche et la saison des pluies. — Le climat. — Difficultés que les Européens éprouvent à s'acclimater. — L' « hygiène » de Stanley.

Le 5 février 1885 la France concluait avec l'Association internationale du Congo une convention qui délimitait les possessions respectives des deux puissances.

L'article 3 de ce traité a donné au Congo français pour frontière sud :

La rivière Chiloango, depuis l'Océan jusqu'à sa source la plus septentrionale; la crête de partage des eaux du Niani-Quillou et du Congo, jusqu'au delà du méridien de Manyanga; une ligne à déterminer, et qui, suivant autant que possible une division naturelle du terrain, aboutisse, entre la station de Manyanga et la cataracte de Ntambo-Mataka, en un point situé sur la partie navigable du fleuve; le Congo, jusqu'au Stanley-Pool; la ligne médiane du Stanley-Pool; le Congo, jusqu'à un point à déterminer en amont de la rivière Licona-Nkundja; une ligne à déterminer depuis ce point jusqu'au 17e degré de longitude est de Greenwich, en suivant autant que possible la ligne de partage d'eaux du bassin de la Licona-Nkundja, qui fait partie des possessions françaises; le 17e degré de longitude est Greenwich.

A l'ouest, nos possessions sont bornées par l'Atlantique, qui forme les baies de Tchilongo, de Majumba, du cap Lopez et de Nazareth, et la baie Corisco.

Au nord, elles s'étendent jusqu'au cap Saint-Jean. Au nord-est leur limite est le 17e degré de longitude est Greenwich [1]. La superficie de nos possessions de l'ouest africain, Gabon et Congo, dépasse 700,000 kilomètres carrés.

---

[1] Le Gabon a été dernièrement réuni administrativement au Congo français. Quoique cette étude soit particulièrement consacrée à nos nouvelles possessions de l'Ouest africain, nous nous occuperons incidemment du Gabon.

Cette immense étendue de territoire peut se diviser en trois zones parallèles à la mer : la première, la zone maritime, est basse, coupée par

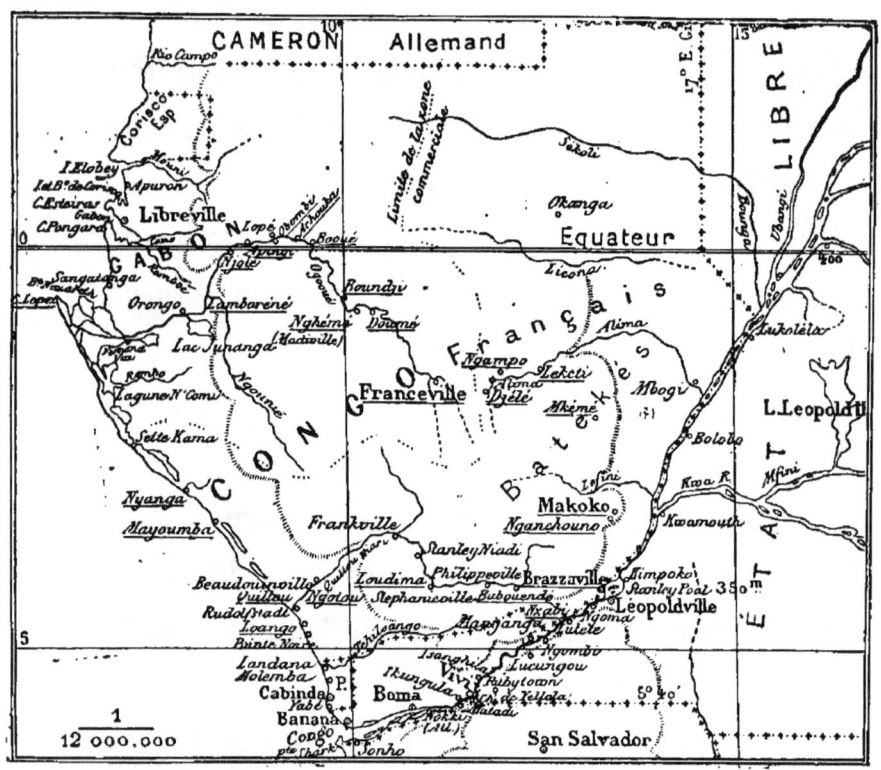

Carte du Congo.

des lagunes et des marais; la seconde, accidentée, est caractérisée par des ondulations de terrain assez inégales; la troisième comprend le plateau ou bassin central du Congo.

Le littoral est bas et uniforme. Au nord, de nombreuses lagunes, comme celle du Fernand-

1*

Vaz, le découpent en presqu'îles bizarres. Un assez grand nombre de caps et de pointes hérissent cette partie de la côte occidentale; les plus importants sont le cap Saint-Jean, le cap Estérias, le cap Lopez, le cap Sainte-Catherine, le cap Matuli, la Pointe-Noire.

Nous ne parlerons pas de l'orographie du Congo français. Nous croyons, en effet, avec M. Dutreuil de Rhines, que lorsque l'on ne connaît que les grandes lignes hydrographiques d'un pays, on ne doit pas avoir la prétention de sortir des généralités au sujet de l'orographie. Le système orographique de l'Ouest africain fait partie de l'assise du plateau central africain; ce massif accumulé, qu'on rencontre en moyenne à 200 kilomètres de la côte, s'étend jusqu'à 500 kilomètres de celle-ci, atteignant alors une hauteur maximum de 800 mètres au-dessus de l'Océan, pour s'incliner en pente douce jusqu'au lit du Congo, qui, dans sa partie centrale, se traîne à 4 ou 500 mètres de hauteur.

Les principaux fleuves qui arrosent nos possessions de l'Ouest africain sont, en allant du nord au sud : le Benito, la rivière Mundah, la rivière Muni, le Gabon, dont le magnifique estuaire n'a pas moins de 23 milles de profondeur et de 8 à 10 milles de largeur dans sa partie moyenne ; au nombre des rivières qui se jettent dans cet estuaire sont le Como, grossi du Boghoé, et le Rhamboé. Au sud du Gabon, nous trouvons : l'Ogooué, le Rembo, le Nyanga, le Quillou-Niari, le Loango, le Chiloango et le Congo.

Tous ces fleuves se jettent dans l'Atlantique.

Nous ne nous étendrons pas sur les cours d'eau situés au nord de l'Ogooué, qui ne sont navigables que sur une très faible partie de leur cours. Ceux situés entre l'Ogooué et le Congo, hormis le Nianga, sur lequel s'opère un certain commerce, et le Quillou-Niari, n'offrent qu'une importance des plus secondaires.

Le Niari fut découvert par de Brazza au mois de février 1882. On a établi sur ses bords un grand nombre de postes. Son bassin septentrional a le grand avantage de présenter beaucoup de facilité pour l'établissement d'une route de terre. Cette partie de notre nouvelle colonie serait la plus favorable à la construction d'une ligne ferrée qui irait, en suivant à peu près le parallèle de 4 degrés sud, jusqu'au Djoué, rivière qui se jette dans le Congo près de Brazzaville. C'est l'hypothèse qui a jusqu'ici rallié le plus de suffrages parmi ceux qui ont exploré notre nouvelle colonie, et il faut dire qu'elle a pour elle l'avantage d'être plus économique et d'une exécution plus facile que le fameux chemin de fer préconisé par Stanley pour l'État libre.

L'Ogooué, malgré toutes les difficultés de son parcours, est encore aujourd'hui la voie la meilleure pour pénétrer à l'intérieur de notre nouvelle colonie.

Le commerce y est assez important. Le fleuve est navigable toute l'année sur une étendue de 380 kilomètres environ jusqu'à la station de Njolé, pour des bateaux de 0m90 de tirant d'eau. Mais les pirogues montent à plus de 770 kilomètres de la côte, près du poste de Franceville.

L'Ogooué, dont les eaux coulent du sud au nord jusqu'au 10º de longitude, suit, depuis ce point jusqu'à 8º 40' environ, la ligne équatoriale de l'est à l'ouest; il se dirige ensuite au sud, puis à l'ouest, et va se jeter dans l'Atlantique; à son embouchure il se divise en plusieurs branches; la branche nord a reçu le nom de Nazareth.

Après une exploration pleine de périls, MM. Ballay et de Brazza ont pu atteindre, en juillet 1877, les chutes de Poubara; à partir de ce point, l'Ogooué n'est plus qu'une rivière sans importance. On peut en conclure que la source de ce fleuve ne saurait être éloignée de cet endroit. La largeur du cours de l'Ogooué est extrêmement variable : tantôt le fleuve s'étale comme un lac, tantôt il se resserre dans un lit étroit, dont les berges ne sont pas éloignées de plus de cent mètres les unes des autres.

Ses principaux affluents de droite sont : les rivières Ouréga, Akalois, Aroumgo, Banga, Okono, Ivindo, Sebe, Nconi, reconnu par M. de Lastours, Passa; ceux de gauche : les rivières Licoco, Lolo, Ofoué, Ningoué, Obango, N'gaunie.

Le cours de l'Ogooué est coupé de chutes et de rapides fort dangereux, dont les plus connus sont ceux des îles d'Adeke, de Booué, de Doumé et de Poubara.

Le Chiloango sert de limite méridionale à notre colonie. Il se fait un commerce assez important sur son cours inférieur.

Depuis Manyanga, c'est le Congo, le fleuve africain par excellence avec le Nil, qui sert de limite à nos possessions. Des grands lacs où il prend sa source, il s'élance vers le nord, dépasse la ligne de l'équateur, et, après avoir décrit une courbe formidable, vient, grossi d'innombrables affluents, se jeter dans l'Atlantique par un estuaire large de onze kilomètres.

Malheureusement ce chemin qui marche est en partie inutilisable pour les grands transports. Son embouchure est d'un accès difficile, et de gigantesques chutes rendent impossible la navigation.

Des navires d'un assez fort tonnage peuvent aller de Banane à Vivi et faire ainsi sur le Congo un parcours de 180 kilomètres, mais là ils se trouvent arrêtés par les trente-deux cataractes auxquelles Stanley a donné le nom de chutes de Livingstone. Ces cataractes, sortes d'escalier gigantesque qui s'élève à plus de 200 mètres au-dessus du niveau de la mer, ne sont pas le dernier obstacle que doivent rencontrer les navires. La navigation n'est libre qu'à 500 kilomètres environ de l'embouchure du fleuve. Là le fleuve, large de 1,500 à 1,600 mètres, ne présente plus de ces formidables rapides, et ce n'est qu'après un parcours de 15,000 kilomètres que l'on rencontre les chutes de Stanley, les Stanley-Falls.

Nous n'avons pas la prétention d'énumérer ici tous les affluents de droite du Congo.

Les plus importants de ceux qui coulent sur

notre territoire sont : le Djoué, le Lefini, l'Alima, la Licona-Nkundja, la Sangha, l'Oubanghi ou Liba-Okoua. Le cours de ces rivières est loin d'être déterminé : sur la plupart des cartes nous le trouvons indiqué par des lignes de points.

Toutefois le révérend méthodiste Grenfell a fourni sur le cours de la Licona-Nkundja des données très précieuses. M. Grenfell a remonté la Licona sur un parcours de 50 milles en suivant la direction du nord-est. Cette rivière, d'après les observations faites sur son cours supérieur par M. de Brazza, coule d'abord de l'ouest vers l'est; elle ferait donc un grand coude au sud pour s'infléchir ensuite vers le sud-ouest à son débouché dans le Congo.

Suivant la carte dressée par M. Grenfell et envoyée à Bruxelles, la Licona débouche dans le Congo par 1° 8' de latitude sud et 17° 20' de longitude est de Greenwich (cette longitude est incertaine), un peu à l'est des villages de M'Bounga, où nous avons eu un poste, et presque en face de la station belge de Loukobla.

On avait cru tout d'abord que la Licona-Nkundja et l'Oubanghi avaient un delta commun. Les reconnaissances faites par MM. Bouvier et Ballay ont établi que ces deux cours d'eau sont complètement distincts. Ces messieurs, en effet, ont remonté l'Oubanga et ont constaté que cette rivière se dirige droit au nord et à 1° 20' nord, latitude plus septentrionale que l'embouchure de la rivière Muni sur l'Atlantique [1].

L'aire du bassin de l'Oubanghi, qui, à son confluent avec le Congo, mesure 1 200 mètres de largeur, est assez étendue au nord et à l'ouest pour que le débit de cette rivière, dit M. Dutreuil de Rhins, s'explique sans recourir à son identification peu probable avec l'Ouellé.

Le *Mouvement géographique* publie une relation très intéressante du voyage d'exploration sur l'Oubanghi par le capitaine Van Gèle et le lieutenant Liénart, de l'armée belge, sur le petit steamer démontable l'*En-Avant*, accompagné d'une grande pirogue.

« Partie de la station de l'Équateur le 26 octobre 1887, l'expédition arrivait sans incidents le 21 novembre au pied des rapides de Longo, atteints déjà par le missionnaire Grenfell en 1884 et par M. Van Gèle lui-même en 1886. Là ont com-

---

[1] Remarquons que la position géographique du poste d'Oubanghi a été déterminée rigoureusement. Pour la première fois un point du Congo a pu être placé sur la carte avec exactitude, ce qui permettra de rectifier les cartes.

mencé les difficultés. A partir de Zongo, les explorateurs ont eu à franchir six rapides séparés les uns des autres par des bassins navigables, et au rapide de Zongo il a fallu démonter l'*En-Avant*, frayer une route à travers l'isthme d'un petit promontoire pour le transport des roues, des tambours et de la cargaison du steamer, lequel, allégé, a été tiré à l'aide d'un câble le long de la rive et a pu passer ainsi de l'aval à l'amont de l'obstacle.

« Au dernier rapide, le fleuve coule du nord est; il a une largeur de 800 à 900 mètres et une profondeur moyenne de 4 mètres, sur une distance d'une cinquantaine de kilomètres; puis il fait un coude arrondi et vient franchement de l'est, direction qu'il a conservée jusqu'au point extrême atteint par l'*En-Avant*, soit sur environ 275 kilomètres. Le pays est splendide, très riche et très pittoresque; la population fait un chaleureux accueil aux voyageurs jusqu'au confluent du Bangasso (21° 35' de longitude est de Greenwich). Là l'attitude des natifs se modifie; ils deviennent provocants. Partout, sur le passage de la flottille, des manifestations hostiles.

« Le 1ᵉʳ janvier, première attaque; l'expédition perd deux hommes et est forcée de se servir de ses armes. Le 5 janvier, nouvelle attaque par terre et par eau. On était par 21° 55' de longitude est; le point extrême atteint par Junker sur l'Ouellé étant 22° 55', on n'avait plus qu'un degré, soit 111 kilomètres à parcourir pour relier les deux points et élucider complètement le problème de l'Oubanghi-Ouellé. Mais l'état du steamer, la baisse des eaux, la densité extraordinaire de la population des rives et des îles, son attitude hostile, ne permettant pas de s'aventurer plus avant sans courir le risque de compromettre le retour, le capitaine Van Gèle donna le signal de la descente. Le 1er février, il rejoignait la station de l'Équateur.

« Comme on le voit, l'Oubanghi n'a pas répondu aux espérances de ceux qui comptaient sur ce cours d'eau comme voie de pénétration au Soudan; l'expédition de MM. Van Gèle et Liénart n'en est pas moins une des plus brillantes et des plus instructives de celles qui ont été faites en ces dernières années dans le bassin du Congo. »

Dans le bassin de l'Ogooué on trouve les grands lacs Mpindi-Loango, Aringo, Ovenga, Jaï, Zilé, Onangué, le plus étendu de tous, Izanga, Oguemouen, Avanca, Anangué.

Le lac Onangué ou Z'Onangué, situé à un peu

plus de 18 milles au sud d'Adanlinanlango par 1° 0' latitude sud et 8° 1' longitude est, était fort mal connu avant que MM. Marche et de Compiègne l'eussent exploré. La plupart des cartes lui donnaient une superficie très fantaisiste. Il a la forme d'un rectangle et mesure, depuis l'embouchure de la rivière Bando jusqu'à son extrémité, une longueur de plus de 16 milles sur une largeur moyenne de 7 à 8 milles. Il communique avec l'Ogooué par les deux petites rivières N'gomo, Atambe et la rivière Bando.

C'est un des lacs les plus beaux et les plus pittoresques de cette partie de l'Ouest africain.

« De tous côtés, dit le marquis de Compiègne, des milliers d'îlots montagneux et couverts de grands arbres s'enchevêtrent les uns dans les autres et ferment l'horizon. Sans cesse on se croirait dans un petit lac dont on voit la fin tout autour de soi ; mais bientôt le pilote désigne quelque crique étroite dans laquelle la pirogue s'engage, la vue s'étend, et l'on se trouve dans un nouveau lac que des collines boisées bornent de tous côtés. Pour cette fois, croyez-vous, nous sommes arrivés au terme : ces collines sont la terre ferme. Mais non, c'est une nouvelle ligne de petites îles, souvent très élevées, derrière lesquelles continue l'elliva (lac). Plus on s'avance, plus ce dédale devient compliqué, et sans un pilote habile il serait impossible d'en sortir. »

Les canards-aiguilles, les ibis à masque rouge, et les ibis métalliques, les pélicans, les aigrettes, les cormorans, abondent dans ces îles, où les superstitions des noirs les protègent; car il est défendu de les tuer dans les îles fétiches où ils se réfugient de préférence, on le conçoit.

Le lac Z'Onangué communique avec le lac Izanga et le lac Oguemouen. Ce dernier est situé à l'extrémité sud du lac Z'Onangué, derrière la petite île de M'Bounba, par 1°1'0" latitude sud. C'est une crique longue de 5 milles, qui le met en communication avec le Z'Onangué. Le lac Ogué-Mouest est long de plus de 16 milles. Les noirs disent qu'il faut deux jours de pirogue pour arriver au bout en se dirigeant vers le sud. Comme le Z'Onangué, il possède aussi ses îles fétiches, aussi splendidement pourvues de gibier que celles du lac voisin. Le lac Izanga n'est pas très étendu; ses bords sont couverts de plantations de bananiers cultivés avec soin par les Bakalais.

Le lac Azingo, situé à droite de l'Ogooué, communique avec ce fleuve par la rivière Ojougapija et la rivière Akaloïs, que bien peu de cartes indiquent malgré son importance, assez grande relativement.

Le lac Azingo est une magnifique nappe d'eau semée d'îles élevées et couvertes d'arbustes. Il est loin d'être aussi étendu que les lacs Z'Onangué et Oguemouen.

Le lac Ziéli, situé près du village de Lombarini, est encadré dans les montagnes d'Issongué. Ses eaux transparentes sont émaillées d'une multitude de petites îles couvertes d'arbres [1].

Le territoire de notre nouvelle colonie est occupé par une foule de tribus. Nous étudierons plus loin les plus importantes.

La tribu possède un certain nombre de villages, misérables agglomérations qui n'ont entre elles aucun lien politique. Il est inutile d'ajouter que les territoires occupés par les tribus ont des

[1] « Chose assez bizarre, dit le marquis de Compiègne, le lac n'a pas de nom connu des indigènes qui habitent le pays. Lorsqu'on leur a demandé ce nom, ils ont en conséquence répondu *Ziélé*, ce qui en mpongwée veut dire : « Il n'y en a pas. » On a pris ce mot de *Ziélé* pour le nom du lac, et il figure sur la carte sous cette dénomination. » MM. de Compiègne et Marche ont proposé à la Société de géographie de l'appeler le lac du Quilio, en souvenir de la visite de l'amiral du Quilio en 1872.

limites extrêmement vagues. Ces peuplades s'attribuent un certain nombre de monopoles et de droits ; la plupart portent sur les communications par terre et par eau ; ce sont des droits de passage.

C'est une des nombreuses manières d'obtenir des voyageurs quelques fusils, un peu de poudre et quelques-unes de ces marchandises dont les noirs sont très avides.

Dans le Loango, il y a un semblant d'organisation ; les différents villages sont peut-être plus attachés les uns aux autres et plus susceptibles d'obéir à une direction unique.

L'État des Batèkés, gouvernés par Makoko, notre allié, dont nous aurons à reparler dans le cours de cette étude, peut être regardé comme le mieux organisé de ces royaumes nègres, et Dieu sait cependant si cette organisation est primitive !

Chaque village reconnaît l'autorité nominale d'un chef ou ôga. Cet ôga reconnaît l'autorité d'un ôga plus élevé, Makoko ou l'un de ses lieutenants. En cas de guerre, les villages qui ont quelque intérêt à se battre envoient des hommes, et, s'il y a concentration, celle-ci se fait comme elle peut. Il n'est pas rare de voir des villages en lutte les uns contre les autres, alors même qu'ils appartiennent à une même tribu.

Dans l'Ogooué, les petites guerres civiles sont même assez fréquentes.

Pouvons-nous dire que notre nouvelle colonie possède des villes ?

Libreville, la capitale (?) du Gabon, se compose de quelques cases de bois et de trois ou quatre *maisons blanches* : l'hôpital, la maison du gouvernement et la mission catholique, qui est au pied du mont Bouet. Prince-Glass, le village des noirs, qui est à quelque distance de Libreville, est un amas de huttes. Glasstoun est le village le plus commerçant de la région : c'est là que les Américains, les Anglais et les Allemands, qui ont fondé des comptoirs au Gabon, ont leurs établissements.

Andanlinango, situé à 160 milles environ plus haut que l'embouchure de l'Ogooué, est le quartier général des principaux négociants. La situation de ce point au confluent du N'gounié et de l'Ogooué est très importante au point de vue commercial. Le village des noirs, situé à quelque distance des factoreries, est une réunion de cases assez misérables.

Sam-Quita est un des villages les plus considérables du haut Ogooué ; c'est une des *capitales* des Bakalais. Il y a aujourd'hui au cap Lopez, à Mandji, un commencement de ville. M. de Brazza a établi là une station. On y a construit plusieurs magasins en fer où sont remisés les tonneaux de poudre et les caisses de fusils, ainsi que des maisons d'habitation pour le personnel européen et des maisonnettes pour les tirailleurs sénégalais. Au bord de la mer s'élèvent des comptoirs pour les achats des vivres. Le tout ressemble à un gros bourg aux rues bien alignées. Mbé est la capitale de Makoko ; c'est un gros village noir qui n'a rien de particulièrement intéressant.

Citons pour mémoire Loango, Pointe-Noire, Landana, et nous aurons énuméré tous les gros bourgs de notre nouvelle possession. Nous nous occuperons dans un chapitre spécial des stations fondées par M. de Brazza.

Sept mois de pluies, quatre mois de sécheresse : voilà le climat de notre nouvelle colonie. C'est au Gabon surtout, au Fernand-Vaz et dans l'Ogooué, que la température éprouve le plus les Européens.

Les pluies commencent vers la moitié de septembre et ne cessent que vers les premiers jours de janvier. C'est l'époque de « la petite saison sèche ».

Les pluies cessent alors pendant près d'un mois et demi.

Les débuts de Libreville, poste du Gabon, en 1850.

Après ce laps de temps, la saison pluvieuse recommence de plus belle. C'est l'époque des grandes crues. A cette seconde saison pluvieuse succède « la grande saison sèche ». Après les averses effroyables, une sécheresse absolue.

Que l'on ne croie pas que la chaleur soit excessive au Gabon. Le thermomètre monte rarement au-dessus de 33°; la moyenne habituelle est de 28°; mais cette température constante est insupportable à cause de l'humidité et de la tension électrique de l'air. Cette atmosphère pesante provoque de perpétuels malaises. Pendant l'hivernage, ces fâcheuses conditions empirent encore.

Ni la Cochinchine, ni Malacca, ni les parties marécageuses de la Floride n'ont cette insalubrité qui ne permet pas à un Européen de séjourner plus de deux à trois ans au Gabon ou dans l'Ogooué.

Marche, de Compiègne, le docteur Legrand, Coffinières, Aymès sont unanimes sur ce point.

De tous les climats africains, sans en excepter celui du Sénégal, le pire est assurément le climat du Congo et du Gabon. La plupart des explorateurs ont chèrement payé leur tribut à cette température anémiante. MM. de Lastours, Beauguillaume Taburet, Camuset sont morts là-bas, vaincus par la fatigue et les maladies. Marche, qui compte parmi les plus courageux et les plus tenaces des explorateurs, y était constamment malade; de Compiègne, le compagnon de ses premières explorations, écrit qu'ils avaient en moyenne trois jours par semaine la fièvre du pays, que jamais ils ne sont venus à la côte sans être envoyés d'urgence à l'hôpital. Quelles souffrances de Brazza et ses collaborateurs n'ont-ils pas endurées, et quelle opiniâtreté et quel courage n'a-t-il pas fallu à cette vaillante cohorte, que les fièvres accablaient sans cesse, pour mener à bien une tâche aussi difficile !

Les accès pernicieux, la fièvre des marais, la dysenterie, les maladies de foie, attendent l'Européen assez courageux pour aller risquer sa santé dans ces climats.

Il est inutile d'ajouter que s'il a le bonheur d'échapper à de trop fréquents accents de fièvre et à la plupart des maladies que nous avons énumérées, il n'évitera pas l'anémie.

Combien en avons-nous connus, sans parler de ce brave Rigail de Lastours, mort à la tâche, lui dont ce climat débilitant a ruiné la santé !

Le Gabon, la côte et les rives du Congo sont les parties les plus malsaines de nos possessions. Sur les plateaux, surtout sur les plateaux découverts, le climat est plus sain. M. de Brazza n'a eu garde de négliger le point de vue hygiénique dans le choix qu'il a fait de ces stations.

Cette question du climat a une importance

extrêmement grande si l'on songe que, dans un certain temps, le Congo français pourra être prêt pour la colonisation. Nous parlons ici de la colonisation par immigration. Nous n'ignorons pas que l'époque en est encore assez éloignée; mais, lorsque cette époque arrivera, quels sont les colons que nous pourrons envoyer là-bas? L'Européen, le Français arrivera-t-il à s'y acclimater? Ce sera, en tout cas, à titre personnel et transitoire; il n'y restera pas, il ne pourra pas y fonder une famille. Comment pourrait-il y songer? La femme blanche, au Gabon, ne braverait pas impunément les périls de la maternité. Nous savons bien que, grâce à Dieu, toutes les parties de notre nouvelle colonie ne sont pas aussi insalubres; mais, quelque soin que l'on apporte au choix de sa résidence, et quelle que soit l'hygiène rigoureuse à laquelle on se condamne, l'émigration par familles nous paraîtrait une expérience singulièrement dangereuse.

Nous parlons d'hygiène rigoureuse : Stanley, dans son livre *Cinq années au Congo,* nous paraît avoir tracé admirablement le régime que doit suivre l'Européen qui veut s'acclimater là-bas :

« L'homme qui arrive au Congo, dit Stanley,

subit une véritable transformation physique, et la sagesse veut qu'il commence immédiatement à régler son appétit et sa conduite en conséquence. Vous êtes-vous fait gloire jusqu'ici d'une luxuriante chevelure, il faut en sacrifier les boucles flottantes, en faucher impitoyablement les touffes épaisses et drues, vous tondre, en un mot, à ras de tête. Préférez-vous le bien-être à la gêne; en ce cas, le corps doit se dépouiller de cette armure de toile et de laine qui servait à le garantir contre le vent et la pluie sous des latitudes élevées, et doit y substituer d'amples vêtements de flanelle fine et légère. Les couvre-chefs en vogue à Londres et à Paris doivent faire place au casque ou à une légère casquette à ventilateur et rideau; et de même que tout cet attirail de drap épais et de nuance sombre qu'impose le décorum européen doit être remplacé par la flanelle plus gracieuse et plus fraîche des tropiques, de même il faut combattre l'appétit, ses extravagantes facultés de digestion, son ingouvernable et insatiable penchant pour la nourriture animale, sa fâcheuse prédilection pour les boissons capiteuses, par un régime absolument nouveau. L'Européen nouvellement débarqué doit s'abstenir, pendant le jour, de tout liquide excitant ou enivrant : de la bière, vulgairement réputée inoffensive, comme de l'eau rougie, ou comme du bordeaux pur; en un mot, des boissons mêmes qui passent pour les plus anodines. Le moindre excès, le moindre effort, le plus léger travail spasmodique imposé aux organes vous abattent un homme en moins d'une heure. Mon devoir m'interdit toute complaisance à l'endroit des buveurs, tout ménagement pour leurs susceptibilités. Le douloureux souvenir des pertes que nous avons essuyées, des robustes et braves jeunes gens qui se sont suicidés par ignorance, me contraint à m'expliquer sévèrement. »

Malgré le régime très sévère qu'il préconise et observait, Stanley n'a pas échappé aux terribles fièvres fricaines. Nous ne saurions mieux donner une idée de cette maladie qu'en reproduisant ses impressions mêmes.

« Le 20 mai, vers sept heures du matin, la maladie parut atteindre son apogée. Subitement réveillé, je ne me fus pas plus tôt rendu compte de ma situation, qu'un sombre pressentiment m'assaillit. La crise était venue, la mort ne pouvait être loin. Alors, voulant rendre les derniers devoirs de l'amitié à tout le personnel, je priai Mabrouki d'aller appeler tout mon monde, Européens et Zanzibarites. Il partit. Pendant son absence, Doualla me versa dans la bouche soixante grains de quinine dissous dans du vin de Madère et de l'acide hydro-bromique, car j'étais complètement hors d'état de porter moi-même le verre à mes lèvres. Prompt comme la foudre, ce violent breuvage répand son feu dans tout mon être; mes idées se brouillent, un engourdissement profond commence à m'envahir; je supplie Doualla d'aller dire à tous mes amis de se hâter, d'arriver avant qu'il soit trop tard.

« Quelques instants après, des bruits de pas se font entendre de tous côtés. On soulève les rideaux de ma tente. Je distingue, dans un rayon de soleil qui me paraît froid et blafard, les silhouettes des hommes assis en demi-cercle autour de moi. Mes camarades européens se placent au pied du lit, et, voulant leur indiquer ce qu'ils auront à faire quand je n'y serai plus, je lutte pour rassembler mes idées qui s'égarent. Il y a dans mon cerveau comme un violent combat entre les préoccupations de la mort et le désir d'articuler quelques paroles intelligibles. Il me semble discerner dans l'éloignement une grande lumière blanche dont l'attirant éclat me distrait, en dépit de mes efforts pour concentrer toute mon attention sur les amis assemblés devant la tente. Et mes lèvres se refusent à prononcer les mots que je cherche à faire entendre.

« — Regardez-moi, Albert, m'écriai-je brusquement. Restez immobile et les yeux fixés sur moi, car j'ai quelque chose à vous dire. »

« Le jeune marin, dont la main pressait la mienne, riva son regard sur le mien pour me permettre de vaincre l'oppression qui me paralysait. Enfin, après un suprême effort, je triomphe, mes lèvres formulent nettement la phrase voulue, et il en résulte pour moi un tel soulagement, que ce cri s'échappe de ma bouche : « Sauvé ! » Puis un nuage noir paraît fondre sur ma tête, la perception des choses s'évanouit, une syncope de plusieurs heures détruit toute espèce de sensation. Quand j'ouvris les yeux, le jour suivant, j'appris que j'étais resté pendant vingt-quatre heures dans la même position... »

Nous croyons que le défrichement et le dessèchement des marais pestilentiels, qui couvrent une assez grande superficie dans notre nouvelle colonie, contribueront beaucoup à diminuer la somme des maladies dont les Européens sont victimes. Mais combien nous sommes encore loin du temps où de pareils travaux pourront s'accomplir!

La meilleure des mesures que puisse et que doive prendre le Français qui s'établit au Congo est de faire ce que font les Anglais qui résident aux Indes. Ceux-ci viennent tous les cinq ans se retremper en Europe. C'est tous les deux ans, tous les trois ans au maximum, qu'il conviendrait de revenir en France.

CHAPITRE II

VOYAGES ET EXPLORATIONS

Les premiers explorateurs : M. Serval, le lieutenant Aymès, expédition du marquis de Compiègne et de M. Marche. — Premier voyage de M. de Brazza : M. Marche, le Dr Ballay. — Deuxième voyage : M. Noguet, M. Michaud. — Visite au roi Makoko. — Traités conclus avec lui et avec les chefs Oubandjis. — Rencontre de Brazza et de Stanley. — Troisième voyage : MM. de Lastours, de Chavannes, Flicotteau, Manchon, Jacques de Brazza et Chollet. — Deuxième visite à Makoko. — Les derniers traités.

L'Ogooué était à peine soupçonné lorsque M. Duchaillu en affirma l'existence; mais il ne put en parler que par ouï-dire; le delta de cent milles de largeur qui forme le fleuve était alors soigneusement gardé par les Orongnous et les Camas, qui en interdisaient l'accès à tous les blancs. Ces peuples vendaient des esclaves; ils apportaient à la côte les produits des contrées plus centrales, et défendaient jalousement leur monopole commercial. Ils étaient les seuls, en effet, à servir d'intermédiaires aux peuplades inconnues de nous qui habitaient les rives du fleuve.

En 1867, M. Serval tourna la difficulté en réalisant son hardi projet d'atteindre l'Ogooué par terre. Il remonta l'estuaire du Gabon, atteignit la rivière Remboë, et, s'enfonçant dans les forêts, arriva à l'Ogooué au bout de quatre jours de marche. Après lui, M. Walker, un négociant et un explorateur anglais, le lieutenant de vaisseau Genoyer, l'Allemand Schultz, suivirent ses traces. M. Aymès, lieutenant de vaisseau, pénétrait même avec un petit vapeur de guerre dans l'Ogooué et l'explorait jusqu'à son confluent avec le N'Gounié.

Il voulut faire mentir le préjugé enraciné dans le cœur des indigènes qu'un blanc ne pourrait passer devant le lieu sacré sans être immédiatement foudroyé par les esprits qui gardent le passage. Ne pouvant pas conduire son navire *le Pionnier* plus loin que Lombareni, il partit dans une des petites embarcations du vapeur, s'avança environ deux milles plus loin, et fit planter le drapeau français sur un arbre élevé.

En 1872, MM. Marche et de Compiègne entreprirent, sans la moindre subvention officielle, un voyage à travers les contrées encore inexplorées par Walker et Schultz. Une guerre qui éclata entre deux tribus dominant sur les rives de l'Ogooué les contraignit à prolonger leur séjour au Gabon. Ils profitèrent des loisirs que leur faisait ce contre-temps pour explorer les affluents de l'Ogooué et les lacs Zonangué, Azingo, Avanga et Mpindi. Ils partirent le 10 janvier 1874. Leur suite se composait de trente Inengas et de cinquante Gallois. Ils montaient quatre pirogues. Le 26 janvier, ils franchirent la passe de l'Okanda, qui est encaissée entre de hautes collines, et arrivèrent à Lopé, où les explorateurs Walker et Schultz s'étaient arrêtés ; là leur petite escorte refusa de les accompagner plus avant. Pendant un mois, M. Marche et le marquis de Compiègne durent mettre tout en œuvre pour reformer leur suite. Ils trouvèrent, après bien des efforts, cent vingt Okandas qui consentirent à prendre la place des premiers pagayeurs et à conduire les explorateurs chez les Adoumas et les Ossyebas cannibales. Ils reprirent leur route le 28 février, et franchirent les confluents de l'Ogooué et de l'Ofoué, un des plus grands affluents de gauche du fleuve.

Ils atteignirent les chutes de Boué et l'embouchure de l'Ivindo. Là les Ossyebas attaquèrent l'escorte, qui prit la fuite, laissant M. Marche et le marquis de Compiègne dans la plus critique situation. Leur retour au Gabon fut des plus pénibles. Ils purent enfin gagner l'île du Prince, d'où ils s'embarquèrent pour l'Europe.

Pendant les dix-neuf mois que dura leur voyage, ils avaient déployé un courage à toute épreuve, supportant avec une incroyable énergie les fatigues et les privations de toute sorte, ne buvant que de l'eau, ne mangeant ni pain ni légumes, n'ayant d'autre viande que celle du gibier tué par eux, de quelques poules et de quelques boîtes de conserves; éprouvés par les fièvres, réduits à marcher pieds nus pendant les derniers mois de leur séjour, ils avaient en outre la préoccupation constante de la discipline des hommes de leur escorte. Avant de s'embarquer pour regagner la France, M. de Compiègne dut rester six semaines à l'hôpital; il raconte lui-même qu'il avait les jambes percées d'une quantité de trous dans chacun desquels on eût pu mettre le doigt.

Ils avaient exploré le N'Gounié, les lacs Z'Onangué et Azingo, les rivières Akalois, Akoio, les lacs Oguemouen et Obanga, et planté le drapeau français au delà des chutes du Samba, dans le pays des Ivéia, où jamais blanc n'avait pénétré.

Ils furent les dignes précurseurs de de Brazza, et, dans son rapport à la Société de géographie, M. Malte-Brun a pu dire d'eux, sans aucune flatterie, qu'ils s'étaient toujours conduits dans ces tribus sauvages « de manière à laisser des souvenirs d'humanité, de dignité et de bonne foi qui contribueront sans doute à bien faire recevoir le voyageur, et surtout le voyageur français qui viendra derrière eux. »

M. de Compiègne se préparait à tenter une nouvelle exploration de la contrée située entre l'Ogooué et le Livingstone, lorsqu'il fut tué dans un duel.

Au mois d'août 1875, quelques mois après la mort du marquis de Compiègne, M. de Brazza partait pour le Gabon. Il était chargé par le ministre de la marine de continuer, en les complétant, les découvertes faites par MM. Marche et de Compiègne. M. Savorgnan de Brazza avait prié M. Marche de se joindre à lui.

Le courageux explorateur n'hésita pas à recommencer un voyage au cours duquel il avait éprouvé tant de souffrances. Ils s'adjoignirent M. Noël Ballay, médecin de la marine, et le contremaître Hamon. Arrivés au Gabon, MM. Marche et Ballay partirent le 9 décembre pour Sam-Quita, qu'ils atteignirent le 12. Le 16 janvier 1876, M. Marche se dirigea sur Lopé, mais, au pied des rapides, les Bakalais qui formaient son escorte l'abandonnèrent. M. de Brazza parvint à rejoindre son compagnon avec dix pirogues chargées, et ils arrivèrent à Lopé après vingt-huit jours de fatigues et de tracas. Lopé est le grand marché de l'ivoire. On y faisait aussi, sur une vaste échelle, la traite des esclaves. Là le sel est le principal objet d'échange.

M. Marche trouva tout singulièrement changé depuis son dernier voyage. Les anciens chefs n'étaient plus là, et le roi du pays était un indigène du nom de Boïa, que M. Marche avait connu marmiton. Il portait superbement un casque de pompier.

Une rencontre infiniment plus agréable pour les explorateurs que celle de Boïa fut celle du Dr Lenz, le célèbre voyageur autrichien. Les

Forêt du Gabon.

Okandas refusaient de le laisser partir, malgré les riches présents qu'il leur avait faits. Il put toutefois, en suivant la route que les explorateurs français venaient d'ouvrir, rejoindre le pays des Adoumas. M. de Brazza l'y avait devancé. M. Marche s'était séparé de son compagnon de route pour faire une excursion chez les Okonas et les Simbas. De là M. Marche voulut se diriger vers le pays des Ossyebas cannibales, et il accomplit son projet malgré les conseils de ses guides, qui, l'un après l'autre, vinrent lui murmurer à l'oreille : « Tu sais que les Ossyebas aiment beaucoup la viande. »

Il aurait voulu remonter l'Ofoué, mais les Ossyebas lui déclarèrent qu'il lui faudrait plus d'un mois pour en atteindre les sources. Il regagna alors Lopé par les pays des Bangoués, et le 28 il repartit pour aller joindre M. de Brazza, qui, dans l'intervalle, était allé chez les Adoumas. M. Marche franchit la chute de Boué le 10 août, et atteignit cette rivière Ivindo où une attaque de Ossyebas les avait, en 1874, forcé de reprendre, M. de Compiègne et lui, le chemin de la côte. Après avoir franchi la rivière Isilo, il rejoignit M. de Brazza, qui redescendait malade. L'expédition, réunie pour la seconde fois, se composait de vingt-deux pirogues et de deux cents pagayeurs. Le 22 septembre, M. Marche continuait sa marche en avant. Il atteignit l'embouchure de la rivière Chibé, et il arriva bientôt après au confluent du Nconi, dans le pays des Adrianas. Les fusils étaient alors inconnus dans toute cette région; les indigènes se servaient d'arcs, de flèches, de coutelas et de lances empoisonnées. M. Marche s'avança jusqu'au confluent de la rivière Kalei. Là il apprit qu'à sept jours de marche l'on rencontrait une chute aussi forte que celle de Boué, qu'en aval on traversait la rivière Bombi, aussi large que l'Ogooué, et au moyen de laquelle les traitants du Congo envoient aux noirs les marchandises européennes; alors il prit le parti de redescendre l'Ogooué, et, son excursion terminée, il revint en Europe.

M. de Brazza allait poursuivre l'œuvre commencée. Le vapeur *le Marabout* avait déposé à Lambaréné, à 220 kilomètres de la côte, le personnel et les bagages de la mission; la difficulté était de trouver des porteurs ou des pagayeurs pour leur transport. Après des ennuis de toute sorte, M. de Brazza et son escorte atteignirent Lopé le 10 février au soir. Lopé est un village

Okanda, situé sur la rive droite du fleuve, à 119 kilomètres du confluent de l'Ivindo. Ils y séjournèrent assez longtemps, et M. de Brazza eut soin de faire de ce village un lieu de ravitaillement en cas d'accident. M. Ballay, guéri de la fièvre intermittente, fut renvoyé à Sam-Quita. Il était chargé de réparer les pertes faites par M. de Brazza au cours de son voyage. Il acheta des barils de poudre, des mètres d'étoffes et cinquante neptunes. Les goûts des Okandas avaient changé. « Quand M. Marche est arrivé, écrit M. de Brazza, on ne demandait que du sel; actuellement on ne demande plus que des étoffes. » A la fin de la saison des pluies, M. de Brazza quitta Lopé et se dirigea par terre vers le pays des Adoumas, qu'aucun Européen n'avait encore parcouru. M. Marche partit avec M. Ballay, deux cents Okandas et huit laptots, montés sur vingt-trois grandes pirogues et huit petites; ils traversèrent le confluent de l'Ofoué, franchirent les chutes de Boué, et attendirent à Doumé M. de Brazza. Pendant leur séjour dans cette contrée, une épidémie de petite vérole décima la population du village de Mata. Le docteur Ballay soigna les malades avec un rare dévouement; mais il fut bientôt pris d'un accès de fièvre intermittente, et de son côté M. Marche, dont la santé était fortement ébranlée, dut prendre, le 18 juin, congé de ses compagnons et rentrer en Europe[1]. Après être arrivé au confluent de la rivière Chibé, reconnue par M. Marche, et avoir franchi la cataracte de Doumé, M. de Brazza remonta l'Ogooué jusqu'au delà du confluent du Limboumbi. Mais là l'Ogooué n'est plus qu'un ruisseau divisé en deux branches, le Rebagni et la Passa, qui, interrompues par des rapides, ne peuvent plus servir de voies de communication. La Passa, sur laquelle on poussa une reconnaissance, ne put être remontée que jusqu'à 22 kilomètres de son confluent. L'Ogooué était donc loin d'avoir répondu à l'idée des explorateurs.

« Nous nous décidâmes, dit M. de Brazza, à abandonner ce fleuve qui avait si longtemps trompé nos espérances, et à nous diriger vers l'est, afin de tenter de soulever le voile sous lequel se cachait l'immense contrée inconnue qui nous séparait des régions du haut Nil et du Tanganika, où nous croyions concentrés les efforts de Stanley et de Cameron. » Après des

---

[1] M. E. Genin, *les Expéditions de Brazza.*

fatigues sans nombre, et après bien des jours de marche, M. de Brazza et son escorte atteignirent la rivière N'gambo; ils la descendirent et pénétrèrent dans le bassin de l'Alima, rivière large de cent mètres, profonde de cinq en moyenne, et navigable. Les indigènes dirent aux voyageurs qu'elle conduit, après six jours de navigation, à une autre grande rivière d'où viennent l'alougou, la poudre et les fusils. Ne connaissant pas les découvertes de Stanley, M. de Brazza ne pouvait savoir que le fleuve dont on lui parlait était le Congo. Il croyait que l'Alima les conduisait vers des lacs indiqués au sud du Ouaday. Ils descendirent l'Alima au milieu des plus grands dangers, sans cesse attaqués par les Apfourous, qui blessèrent plusieurs hommes de leur équipage, et poursuivirent l'expédition jusqu'à ce qu'elle eût atteint le territoire des Batékès. Là l'escorte fut bien accueillie, mais elle eut à souffrir de la faim et du manque d'eau. Fatigués par l'anémie, rongés d'ulcères, M. de Brazza et ses compagnons durent regagner l'Ogooué et rentrer au Gabon (novembre 1878). Ainsi se termina la première expédition entreprise par M. de Brazza, avec le concours de MM. Marche et Ballay.

Le 27 décembre 1879, Savorgnan de Brazza

quittait l'Europe pour accomplir sa seconde exploration dans le bassin de l'Ogooué et du Congo. Sa double mission scientifique et humanitaire comportait, entre autres charges, non seulement le choix de l'emplacement de deux stations hospitalières sur le haut Ogooué et le Congo, mais encore leur installation. Après avoir pris chez les Inenga et plus loin toutes les dispositions nécessaires pour faciliter les relations commerciales et les prochains transports de personnel et de matériel, il remonta l'Ogooué et fonda (juin 1880), à proximité de l'Alima et du Gongo, près de Nghimi, la première station du comité français de l'Association africaine : Franceville. Vers la mi-juin, pensant que M. Ballay et le personnel des stations était arrivé à la côte, M. de Brazza les envoyait chercher par sept cent soixante-dix hommes montés sur quarante-quatre pirogues, sous la direction de M. Michaud. Laissant à M. Noguet la direction de Franceville, il partit pour le Congo accompagné de son interprète Ossiah, du sergent Malamine et de quelques indigènes.

A deux ou trois journées de Franceville l'aspect du pays change sensiblement. Au sol argileux du bassin de l'Ogooué, à ses humides vallées cachées sous d'épaisses forêts, à ses collines, couvertes de hautes herbes, succède d'abord un terrain accidenté, sablonneux et déboisé, où çà et là quelques rares palmiers dénotent la présence d'un village. C'est la limite des bassins de l'Atlantique et du Congo intérieur. Chose curieuse, depuis l'équateur jusqu'à Stanley-Pool, ces lignes sablonneuses de partage des eaux sont habitées par une même peuplade, les Batékès, à qui on a fait une réputation de cannibalisme exagérée, et qui se montrent très pacifiques quand on n'attaque pas leurs monopoles[1].

M. de Brazza et son escorte passèrent la Lekéti, affluent méridional de l'Alima, et, après avoir traversé la Mpama au Mpaka, se rendirent chez les Aboma. C'est là qu'un chef, portant le collier distinctif des vassaux du roi Makoko, alla au-devant de M. de Brazza sur la rive du Léfini, pour l'amener auprès du roi.

« Makoko, dit-il, connaît depuis longtemps le grand chef blanc de l'Ogooué; il sait que ses terribles fusils n'ont jamais servi à l'attaque, et que la paix et l'abondance accompagnent ses

---

[1] S. de Brazza. Conférence faite à la Société de géographie en juin 1882.

pas. Il me charge de te porter la parole de paix et de guider son ami. »

Quelques jours après, M. de Brazza était auprès de Makoko, qui le reçut avec le plus grand cérémonial.

« De nombreux serviteurs, raconte M. de Brazza, étendirent devant mes ballots de nombreux tapis et la peau de lion, attribut de la royauté; on apporta aussi un beau plat en cuivre de fabrication portugaise, et datant du IIe au IIIe siècle, sur lequel Makoko devait poser les pieds; puis, un grand dais de couleur rouge ayant été disposé au-dessus de ce trône, le roi s'avança, précédé de son grand féticheur, entouré de ses femmes et de ses principaux officiers.

« Makoko s'étendit sur sa peau de lion, accoudé sur des coussins; ses femmes et ses enfants s'accroupirent à ses côtés. Alors le grand féticheur s'avança gravement vers le roi, et se précipita à ses genoux en plaçant ses mains dans les siennes; puis, se relevant, il en fit autant avec moi, assis sur mes ballots en face de Makoko. Le mouvement de génuflexion ayant été imité successivement par les assistants, les présentations étaient accomplies. Elles furent suivies d'un court entretien dont voici à peu près le résumé :

« Makoko est heureux de recevoir le fils du
« grand chef blanc de l'Occident, dont les actes
« sont ceux d'un sage. Il le reçoit en consé-
« quence, et il veut que, lorsqu'il quittera ses
« États, il puisse dire à ceux qui l'ont envoyé,
« que Makoko sait bien recevoir les blancs qui
« viennent chez lui non en guerriers, mais en
« hommes de paix. »

« Je suis resté vingt-cinq jours chez Makoko et plus longtemps dans ses États; on n'y aurait pas mieux traité ses enfants que nous l'avons été. La curiosité du roi était insatiable. Ne connaissant les blancs que par la traite des noirs et les coups de fusil tirés sur le Congo, il était resté longtemps incrédule aux récits que ses sujets lui faisaient de notre conduite. « Sans
« redouter la guerre plus que les blancs, me
« disait-il, nous préférons la paix. J'ai interrogé
« l'âme d'un grand sage, de mon quatrième an-
« cêtre, et, convaincu que nous n'avions pas à
« lutter contre deux partis, j'ai résolu d'assurer
« complètement la paix en devenant l'ami de
« celui qui m'inspirait confiance. »

« Accueillies comme elles méritaient de l'être,

ces ouvertures nous conduisirent à la conclusion d'un traité aux termes duquel le roi plaçait ses États sous la protection de la France, et nous accordait une concession de territoire à notre choix sur les rives du Congo. Tels sont les traits principaux de ce traité, qui fut ratifié une vingtaine de jours après mon arrivée, dans une assemblée solennelle de tous les chefs immédiats et vassaux de Makoko. »

En quittant Makoko, M. de Brazza se dirigea vers Ngombila. Son projet était de traiter avec les chefs qui étaient les maîtres de la navigation du Congo. Un palabre eut lieu. Toutes les tribus Oubandji du bassin occidental du Congo, entre l'équateur et Makoko, avaient tenu à y être représentées. M. de Brazza leur fit connaître son intention d'installer un village dans le haut Alima et un autre à N'tamo, dans le but d'y échanger les produits européens et africains. La discussion fut longue, car bien des intérêts divers étaient en jeu. Mais la plus forte appréhension des Oubandji, contenue jusqu'alors, allait se faire jour. L'un d'eux s'avança vers M. de Brazza, et, montrant un îlot voisin :

« Regarde, dit-il, cet îlot. Il semble placé là pour nous mettre en garde contre les promesses des blancs, car il nous rappellera toujours qu'ici le sang oubandji a été versé par le premier blanc que nous avons vu. Un des siens, qui l'a abandonné, te donnera à N'tamo le nombre de ses morts et de ses blessés; mais je te dirai que nos ennemis ont pu échapper à notre vengeance en descendant ce fleuve comme le vent, mais qu'ils essayent de remonter!... »

« Tout en m'attendant, dit M. de Brazza, à rencontrer ces sentiments parmi les riverains du Congo, j'avoue que la façon hardie dont ils furent exprimés ne laissa pas de me causer une certaine impression. Je dus employer toutes les ressources de ma diplomatie pour dégager notre responsabilité des faits auxquels nous n'avions pris aucune part, et les bien convaincre que nos relations, loin de nous servir à les exploiter, assureraient contre toute éventualité leur tranquillité et leur bonheur. La paix fut conclue, et d'abord on enterra la guerre.

« En face de l'îlot on fit un grand trou, puis chaque chef y déposa, l'un une balle, l'autre une pierre à feu; un troisième y vida sa poire à poudre. Lorsque moi et mes hommes y eûmes jeté des cartouches, on y planta le tronc d'un arbre qui pousse très rapidement. Enfin la terre fut rejetéé sur le tout, et un des chefs prononça ces paroles :

« Nous enterrons la guerre si profondément,
« que ni nous ni nos enfants ne pourront la
« déterrer, et l'arbre qui poussera ici témoignera
« de l'alliance entre les blancs et les noirs. »

« — Et nous aussi, ajoutai-je, nous enterrons
« la guerre; puisse la paix durer tant que l'arbre
« ne produira pas des balles, des cartouches ou
« de la poudre! »

Quelques jours après, M. de Brazza atteignait le Stanley-Pool et le village de N'tamo, qui, par sa position, est la clef du Congo intérieur. Les chefs vinrent lui rendre hommage et lui offrir des cadeaux. Grâce à l'amitié de Makoko, il jouissait d'une faveur très marquée auprès des peuplades riveraines. Dans un grand palabre, il leur déclara qu'il avait choisi pour sa concession le territoire compris entre la rivière Djoué et Nupila, sur la rive droite du Congo. L'acte de prise de possession fut rédigé et signé, conformément aux ordres de Makoko, et les villages arborèrent immédiatement le pavillon tricolore. C'était le 1er octobre 1880, trois mois après le départ de M. de Brazza de Franceville. La Société de géographie et le comité de l'Association africaine ont donné à N'tamo le nom de Brazzaville.

M. de Brazza se préoccupa alors de la question des voies de communication avec la côte. Il laissa le sergent Malamine et trois hommes à la garde du poste et partit pour résoudre ce problème. Il dut changer plus d'une fois d'itinéraire; il traversa le chaos des montagnes qui, de la rivière Louala, s'étend vers Mdambi-Mbongo; là il rencontra Stanley. Cette rencontre paraît avoir laissé un profond souvenir à M. de Brazza; il en parlait, non sans émotion, au cours de sa conférence de 1882, mais avec beaucoup trop d'humilité pour lui-même. L'accueil que lui fit Stanley fut très cordial. « Ces deux hommes ont reconnu la nécessité de leur tâche : ils se rendent justice. »

M. de Brazza arriva à Libreville le 15 décembre 1880. Ni le Dr Ballay ni le personnel des stations n'étaient arrivés. La mission de S. de Brazza était terminée; il pouvait revenir en Europe, mais il ne voulut pas abandonner sans ressources nos stations et ceux de ses auxiliaires qu'il avait laissés à 800 et 1 200 kilomètres dans l'intérieur. Vingt-quatre heures après son arrivée au Gabon, il repartit avec sa troupe, grossie de deux marins et de plusieurs indigènes charpentiers, jardiniers, terrassiers, maçons, etc.

A Lambaréné, la petite troupe rencontra les piroguiers de M. Michaud qui étaient arrivés là depuis un mois. Tous gagnèrent Franceville en février 1881. M. de Brazza, qui s'était assez grièvement blessé, dut prendre un repos de deux mois à la factorerie. Celle-ci avait été admirablement organisée par M. Noguet, et M. de Brazza trouva les plantations en pleine prospérité. Il fit construire de nouveaux magasins, de nouvelles cases, et préparer d'autres chambres. La station déjà vivait uniquement sur ses revenus. M. de Brazza organisa des escouades de défricheurs et de terrassiers à la tête desquels il plaça les Gabonnais, et fit ouvrir à travers les forêts une longue route praticable, destinée à mettre Franceville en communication avec l'Obia et la Sebika, tributaires de l'Alima.

M. Michaud et les deux marins Amiel et Guiral, que M. de Brazza avait amenés avec lui de Libreville, dirigeaient les travaux. En septembre 1881, M. de Brazza avait terminé cette tâche; il envoya un de ses hommes à Franceville prévenir que tout était prêt pour l'exploration de l'Alima, mais le Dr Ballay n'y était pas arrivé. Seul M. Miton, enseigne de vaisseau, désigné pour prendre la direction de Franceville, s'était rendu à ce poste.

M. de Brazza apprit par sa réponse que le

M. Savorgnan de Brazza.

Dr Ballay était involontairement retenu au Gabon. De longues réparations, exigées par un matériel défectueux, retardaient indéfiniment l'explorateur. M. de Brazza revint à Franceville vers le 10 octobre. La mission et le rôle de M. de Brazza prenaient fin ici; il remit donc entre les mains de son successeur une œuvre dont il n'y avait plus qu'à tirer parti, et il revint à la fin de janvier 1882, par Ngambo, Kimbendge, Mboco et Lendana.

« En deux ans et demi, dit M. de Brazza, avec les faibles ressources mises à notre disposition, nous avons, au point de vue géographique, ajouté à nos précédentes conquêtes un territoire aussi étendu que le tiers de la France. »

M. de Brazza ne devait pas tarder à terminer l'œuvre si vaillamment entreprise. Le 19 mars 1883, il repartait pour le Congo. Mais cette fois le caractère de sa mission s'était agrandi. Le traité qui établissait nos droits souverains sur les rives du haut Congo avait été ratifié sur la proposition du cabinet Duclerc ; un subside de 1,275,000 francs avait été voté à la charge de différents ministères, et la qualité de commissaire du gouvernement, conférée à M. de Brazza, lui donnait pleins pouvoirs. Déjà, le 1er janvier 1883, son avant-garde était partie. M. Rigail de Lastours la commandait. Jacques de Brazza, frère de l'explorateur en faisait partie. Le personnel de l'expédition, qui accompagnait M. S. de Brazza se composait de quarante-huit personnes, quarante-huit Européens hiérarchiquement organisés. Il s'augmenta, à Dakar, de cent trente laptots qui représentaient la force armée de l'expédition. L'on prit encore quelques *krouboys*[1] dans le golfe de Guinée, et, le 22 avril 1883, le navire qui transportait les explorateurs jetait l'ancre en rade du Gabon. Huit jours après, M. de Brazza quittait Libreville. Il dirigeait une partie de ses compagnons sur Franceville et l'Alima; une autre partie allait fonder le poste de Lambaréné et la station de N'Djolé, et y établir aussi vite que possible des magasins pour abriter les ravitaillements destinés au haut fleuve. Il avait envoyé un Européen créer, au cap Lopez, la station qui devait être le véritable centre d'approvisionnement. M. de Brazza craignait d'être devancé par les agents du *Comité d'études de l'État libre*, et coupé de nos possessions sur le haut fleuve par l'occupation de la vallée du Quillou, la plus belle et la plus riche du pays. La canonnière *le Sagittaire* fut envoyée à Loango sous les ordres du lieutenant Cordier.

---

[1] Indigènes de la côte de Krou (golfe de Guinée). Ils s'engagent pour une durée de deux à six ans. Au terme de leur engagement on doit les rapatrier dans les colonies; l'administration en enrôle un grand nombre qu'elle emploie aux travaux pénibles, surtout aux terrassements.

Un territoire que convoitaient nos rivaux nous fut cédé par le roi de Loango à l'embouchure du Quillou; mais, si nous avions la rade et l'embouchure, tout l'intérieur était acheté, occupé, enserré par l'Association, et ces contrées, qui semblaient nous revenir de droit, cette vallée du Niari-Quillou que M. de Brazza avait le premier révélée, allait nous échapper. Sans perdre de temps, M. de Brazza va rejoindre M. de Lastours à Lambaréné; ils partent avec leur flottille de cinquante-huit pirogues et huit cents pagayeurs; M. Miton et deux religieux de la mission apostolique du Gabon, le père Davezac et le père Bichet, les accompagnent pour organiser dans le haut Ogooué un établissement d'instruction. En remontant, ils fondent les stations de N'Djolé, — établi par M. de Kerraoul à la porte des rapides, — Ashouka et Madiville. Ils quittent, au confluent de la rivière Lolo, M. Dutreuil du Rhins, venu pour relever en détail le cours de l'Ogooué et prendre une idée générale du pays, et ils arrivent à Franceville, où ils trouvent encore, à leur grand désappointement, la fraction d'avant-garde qu'ils croyaient depuis longtemps sur l'Alima. M. de Brazza la renvoyait à la côte. Dès ce moment, les vides se creusèrent dans les rangs du personnel : « maladies, défections, incapacités, dit M. de Brazza, nous réduisirent, tant à la côte qu'à l'intérieur, à un chiffre bien faible pour suffire à la tâche. Mais ceux qui demeuraient étaient des vaillants, je pouvais compter sur eux; le dévouement et le zèle de ceux-là n'a jamais faibli; ils ont été courageusement à la peine, se multipliant partout et sans cesse; il est juste qu'ils soient à l'honneur et que je vous cite quelques noms. C'étaient, près de moi, sur l'Ogooué : MM. Devy, Roche, Flicotteau, Jegou.

« A la côte : MM. Decazes, Manchon, P. et J. Michaud, V. Chollet, Kleindunet, etc. M. Dufourcq, envoyé par le ministère de l'instruction publique, n'était pas encore arrivé. »

Pendant ce temps, M. Ballay créait la station de Diélé, et il organisait le service de portage par terre, service qui depuis lors a admirablement fonctionné. M. de Brazza rejoignit bientôt son ancien compagnon; ils terminèrent ensemble les négociations engagées avec les chefs des Bafourous, jusque-là nos ennemis, et qui devinrent nos auxiliaires. Ceux-ci s'engagèrent à vendre une pirogue et à escorter eux-mêmes la descente de M. Ballay jusqu'au Congo. Ils tinrent parole, en effet, et, quinze jours après son départ, qui avait eu lieu le 15 octobre 1883, le Dr Ballay, par un billet daté du confluent de l'Alima et du Congo, informait M. de Brazza que tout marchait à souhait.

Cependant M. de Lastours avait reconnu le N'Coni, affluent de l'Ogooué, qui pénètre très avant chez les Batékès et qui permettrait peut-être d'économiser près de 100 kilomètres sur les transports par terre. M. de Chavannes se préparait à fonder la station de Lekéti, point où l'Alima devient réellement navigable pour les vapeurs. Plus tard M. Jacques de Brazza remontait l'Alima jusqu'à ses sources, et M. Flicotteau, qui, quelques jours après, devait périr victime d'un accident, cherchait un point de raccord entre l'Alima et le N'Coni par le N'Gampo. On montait enfin le premier vapeur français qui ait flotté sur le Congo. M. de Brazza descendait l'Alima, accueilli partout sur son passage par des démonstrations amicales. Le 27 mars, il arrivait à N'Gantchou. M. Ballay y était parfaitement installé et dans les meilleurs termes avec les chefs environnants, vassaux de Makoko.

« C'est là, dit M. de Brazza, que, trois ans auparavant, je m'étais embarqué pour aller prendre possession des territoires cédés à N'Couna, que vous connaissez sous le nom de Brazzaville. Tous les chefs et nombre de leurs sujets étaient pour moi de vieilles connaissances; je fus assailli de visites et me fatiguai à serrer la main de tous ces amis de jadis. Makoko, prévenu de mon arrivée, m'avait envoyé saluer par une ambassade. En grande hâte nous réunissons les présents destinés à récompenser sa loyauté, et une marche de huit nuits nous conduisit aux abords de sa résidence.

« Makoko me reçut avec une pompe peu usitée et des démonstrations de joie excessives. Tout d'abord, dans une chanson improvisée en mon honneur et faisant allusion aux faux bruits qui avaient couru sur mon compte, aussi bien en Afrique qu'en Europe, il disait au peuple présent :

« En vérité, en vérité,

« Vous tous, qui êtes là, voyez.

« Voilà celui qu'on disait mort; il est revenu.

« Voilà celui qu'on disait pauvre; voyez ses « présents. »

« Et il désignait, en parlant ainsi, un magnifique tapis et un coussin de velours que nous avions placés sur ses peaux de lion.

« Le peuple reprenait en chœur et en manière de refrain : « Ceux qui ont ainsi parlé sont des « menteurs! » Puis, suivant le cérémonial admis, se levant en même temps que moi, et faisant le même nombre de pas, Makoko me donnait une vigoureuse accolade, ne se lassant pas de sourire à son ancien ami.

« Je le priai de faire prévenir ses premiers vassaux, afin que la remise des traités pût se faire en séance solennelle. La cérémonie fut renvoyée au lendemain.

« Au jour dit, tous les chefs et leurs plus notables sujets répondirent à la convocation. Le palabre se tint sous un velum de laine rouge semblable à celui sous lequel avait eu lieu notre première réunion. On avait déployé l'appareil le plus brillant des grands jours, et, dans le but de donner plus de solennité à la cérémonie, chacun avait apporté ses dieux lares pour les prendre à témoin.

« C'était un spectacle bien étrange que cette nombreuse réunion, foule compacte accroupie, où, dans la bigarrure des étoffes à couleurs vives, le mouvement d'une lance ou le déplacement d'un fusil faisait passer des éclairs. Çà et là, tranchant sur le reste, quelques pagnes de satin ou de velours nous indiquaient que des générosités étrangères avaient devancé les nôtres et que tous n'avaient pas eu, comme le grand chef, le courage de refuser.

« Makoko trônait sur ses peaux de lion, négligemment accoudé sur des coussins, entouré de ses femmes et de ses favoris. En face, à quelques pas de lui, M'pohontaba, l'un de ses premiers vassaux, et les autres chefs assis à terre sur des peaux de léopard, attendaient que le souverain donnât le signal du palabre. Nous étions entre les deux groupes, un peu sur le côté. Makoko, sans se lever, souhaita la bienvenue à tout son monde; il expliqua en quelques mots le but de la réunion; puis chaque chef, M'pohontaba en tête, vint à genoux protester de sa fidélité à Makoko, seul vrai chef, disaient-ils, seul propriétaire et souverain de tous les territoires batékès. Tous se déclarent, comme autrefois, heureux et fiers d'être placés sous la protection de notre drapeau, et le jurent sur les fétiches et par les mânes de leurs pères. A mon tour je rappelai le passé en quelques mots. Mes hommes présentaient les armes. On sonna aux champs, et je fis à Makoko la remise des traités au nom de la France. Procès-verbal de la cérémonie fut dressé et signé, et on se rendit sous le hall improvisé où se trouvaient exposés, à l'admiration de tous, les présents destinés à chacun et étiquetés à son nom. Les cris de surprise, les marques de joie, les remerciements, jetèrent leur note bruyante et gaie dans le va-et-vient d'une foule curieuse; puis, chacun emportant ses nouvelles richesses, on se dit gaiment au revoir.

« Il fallut rester chez Makoko quelques jours encore pour l'aider à terminer les différends survenus entre certains vassaux depuis mon dernier passage. M. de Chavannes fut mon ambassadeur, et je me félicitai d'avoir à ma disposition un diplomate d'un nouveau genre, dont les premières négociations furent couronnées de succès. »

Le lendemain, M. de Brazza était de retour auprès de M. Ballay, et, deux jours après, ils arrivaient à Brazzaville en compagnie de M. de Chavannes.

Là le Dr Ballay les quitta pour prendre le chemin de l'Europe.

Sur la rive gauche, en face les établissements français, l'Association internationale avait établi plusieurs stations, entre autres Léopoldville. Elles se trouvaient situées sur un territoire administré par des vassaux secondaires de Makoko, que l'Associatiou prétendait être indépendants. Après avoir vainement essayé à plusieurs reprises d'établir entre lui et les agents de l'Association une entente amicale, M. de Brazza, dans un grand palabre, reçut les chefs des deux rives du Congo, auxquels un délégué de Makoko donna l'ordre de n'obéir qu'à nous. Cette cérémonie n'était du reste que la répétition de celle qui avait eu lieu lors du premier voyage de M. de Brazza dans cette contrée, en 1880. Le procès-verbal en fut dressé et communiqué le lendemain au représentant de l'Association. Il fut répondu à cet envoi par une lettre peu courtoise. M. de Brazza déclara qu'il en reférerait à son gouvernement et partit. Nos droits étaient établis; la solution seule était ajournée.

Vers la fin de mars 1885, M. de Brazza était sur l'Ogooué, où M. Descazes et M. de Lastours avaient organisé un service de ravitaillement.

Peu de temps après, M. de Lastours, qui comptait parmi les plus zélés collaborateurs de M. de Brazza, succombait à ses fatigues, et, presque en même temps que lui, la mission perdait MM. Dolizie et Desseaux. Bientôt survint la nouvelle de la convention du 5 février entre la France et l'Association internationale ; l'on apprit peu après quelles avaient été les décisions de la conférence de Berlin [1]. Après avoir visité le bas Alima, M. de Brazza revint par l'Oubanghi, où M. Dolizie, cet explorateur formé à l'école de M. de Chavannes, avait accompli une troisième expédition jusqu'au 3e degré au-dessus de l'équateur. Sur ces nouvelles rives il avait, avec beaucoup d'habileté, jeté les bases d'une nouvelle organisation. La mission de l'Ouest africain était déclarée terminée. M. de Brazza, après avoir remis ses pouvoirs, repartit pour la France.

Ces travaux ont été féconds pour la science géographique ; la contrée, naguère encore inconnue, a été sillonnée en tous sens par des explo-

---

[1] On sait que la Conférence qui s'est tenue à Berlin, sous la présidence de M. de Bismarck, du 16 novembre 1884 au 26 février 1885, a eu surtout pour but de régler le régime économique et les limites politiques de l'État libre du Congo et de nos possessions.

Tout le bassin du Congo, qu'il appartienne à la France ou à l'État libre, a été déclaré ouvert au commerce international.

Nos possessions sont divisées en deux zones : dans la première, qui comprend le Gabon et la partie nord du Congo jusqu'à Cetta-Cama, nous pouvons nous réserver le monopole commercial ; dans la seconde, qui comprend la partie sud du Congo français, les importations jouissent de la franchise.

rateurs infatigables et instruits. Nous avons conquis sur les populations cette influence définitive qui doit constituer l'élément primordial de toute création de colonie. Les tribus de l'Ogooué sont complètement dans nos mains; en vertu des traités, leurs hommes nous doivent annuellement un temps déterminé de service; les Pahouins eux-mêmes sont venus à nous. Pagayeurs, porteurs ou soldats, tous ces sauvages nous rendent des services inappréciables et rendent efficace notre pacifique conquête. Sur les plateaux qui séparent les bassins de l'Ogooué du Congo, nous avons, dans les villages voisins de la route, plus de trois mille hommes qui effectuent honnêtement et régulièrement nos transports. Nos possessions, qui ne comprenaient qu'une bande insignifiante de côte entre le cap Saint-Jean et le cap Sainte-Catherine, ont aujourd'hui pour limites : au nord, la rivière Campo; à l'est, l'Afrique centrale, puisque la convention du 5 février nous donne le bassin de la N'Kundja-Oubanghi; au sud, le Cacongo.

C'est dire qu'actuellement, grâce à toutes les qualités déployées sans relâche par nos explorateurs, elles sont plus que centuplées.

CHAPITRE III

POSTES ET STATIONS

Nos stations sur l'Ogooué. — Franceville. — Nos postes de l'Alima et du Congo. — Brazzaville. — Nos établissements du Niari-Quillou. — M. Grant-Elliot et nos agents. — Nos établissements de la côte.

Nos établissements sont assez nombreux aujourd'hui, grâce à l'activité déployée par M. de Brazza et ses collaborateurs.

Onze sont établis sur l'Ogooué : Cap-Lopez, Lambaréné, Njolé, Apingi, Obombi, Achouka, Boué, Boundji, Madiville ou Nghinié, Doumé, Franceville.

Quatre sont situés sur l'Alima : Alima-Dielé, Ngampo, Alima-Lekéti, M'Bossi.

Six sont situés dans le bassin du Congo : Nganchouno, Makoko, Brazzaville, Nrabi, Bongo, Nkundja.

Trois ont été fondés sur le Niari-Kiliou : Niari, Babouende, Niari-Loudima et Ngotou, auxquels il faut ajouter les stations remises par l'État libre: Philippeville, Stephanieville, Frankville, Baudouinville, Alexandroville.

Sur la côte, les stations de Rudolfstadt et de Grantville sont venues s'ajouter à celles de Pointe-Noire, Loango, de Nyanga et de Setté-Cama.

Nos établissements de l'Ogooué. Notre poste du *Cap-Lopez* est situé dans l'île Mandja. C'est un des mieux organisés. Il est occupé par quarante hommes, dont trente kroumen et quatre laptots. La maison d'habitation est spacieuse, bien aménagée, et les magasins peuvent recevoir trois mille tonnes de marchandises. Il possède une poudrière, un observatoire météorologique, un sanitarium, un jardin d'essais et des cases pour des kroumen.

Lambaréné est loin d'avoir les mêmes ressources, il possède un magasin dont le chef a sous ses ordres trois ou quatre laptots et autant de kroumen.

Le poste des îles *Njolé* est, au point de vue stratégique et commercial, admirablement situé. Cette station marque sur l'Ogooué la limite entre le territoire du Gabon et celui de nos possessions du Congo. Les bateaux à vapeur ne calant pas plus de 90 centimètres remontent facilement

Station de Franceville (Congo).

jusqu'à Njolé. La station possède une maison d'habitation assez grande.

Apingi et *Obombi* sont de simples postes de secours situés près des rapides de ce nom.

Sur la rive gauche de l'Ogooué, chez les Okandas, est situé le poste d'Achouka. Sa position est très favorable, mais les constructions et les installations sont insuffisantes.

La station de *Boué* est sur la rive droite du fleuve, à égale distance de Franceville et de Njolé. Elle commande les chutes et protège les passes. Elle a été organisée par M. Decazes.

Boundji est un poste de secours situé près des chutes.

Madiville a reçu son nouveau nom de M. de Lastours. Cette appellation (*Madiville* signifie *village de l'huile de palme*) est justifiée par le grand nombre de palmiers qui entourent notre établissement. Situé dans le pays des Adoumas, sur la rive gauche de l'Ogooué, Madiville possède une case d'habitation et des magasins installés sur un emplacement très vaste, et qui a été défriché en peu de temps.

Doumé est un poste de secours établi près de la chute.

Franceville est situé sur une colline très élevée; malgré cette altitude, disent les documents officiels auxquels nous avons dû recourir, le séjour est assez malsain à cause des marécages qui l'avoisinent. La station se compose d'un corps de bâtiment principal, comprenant une salle à manger, un magasin et une chambre à coucher très confortable, qui fut fort utile à M. de Brazza en 1881, car il y passa deux mois malade.

Franceville possède également un vaste dépôt d'approvisionnements, un hangar pour les ouvriers, et un long corps de bâtiment servant à loger les matelots et autres hommes du poste.

C'est de Franceville que les Batékès transportent à dos d'homme les marchandises pour les amener au poste de l'Alima-Dielé. On compte six journées de marche, et un homme ne peut guère porter plus de quinze kilogrammes.

M. Noguet a beaucoup contribué à l'organisation de Franceville. M. de Brazza raconte que, lorsqu'il y arriva, en février 1881, il y trouva réunis une centaine d'indigènes, hommes, femmes, enfants déjà habitués au travail. Il ne restait qu'à terminer ce que M. Noguet avait si bien commencé. On fit de nouveaux magasins, de nouvelles cases, et on prépara de jolies chambres. « Nos légumes, dit M. de Brazza, nos plantations de goyaviers, d'orangers, de café; notre bétail : cabris, moutons, porcs, etc., tout était soigné et prospère, et déjà la station vivait uniquement sur ses revenus. J'allais oublier notre âne et notre ânesse, belles et bonnes bêtes, qui, en voyageant, n'avaient rien perdu de leur entêtement; mais c'était bon là-bas de les entendre braire, et encore meilleur de parcourir, monté sur leur dos, notre charmant domaine, tout comme si nous eussions été à Montmorency. »

« L'horizon lointain des plateaux dans un panorama presque circulaire, les alignements réguliers des villages qui couvrent les pentes basses, la note fraîche des plantations de bananiers tranchant sur les tons rouges des terres argileuses, font de ce point, dit encore M. de Brazza, une des vues les plus jolies et les plus séduisantes de l'Ouest africain. »

La plus importante des stations fondées sur l'Alima est *Lekéti*. *Alima-Dielé* toutefois possède une case d'habitation et des magasins; quant à Ngampo, c'est un simple poste, au confluent de l'Alima et du Ngampo. Le poste de *Mbochi,* commandé par M. Ponel, est bien situé au centre de nombreux villages.

Lekéti, fondé par M. de Chavannes au point où l'Alima devient réellement navigable pour les vapeurs, jouit d'une situation exceptionnelle au point de vue commercial. Les habitations, les hangars, les magasins, les ateliers qui y ont été construits ont assez rapidement accru son importance. On peut considérer Lekéti comme notre premier port dans le bassin du Congo, et comme un des principaux marchés des Bafourous.

On a créé également au confluent de l'Alima et du Congo la station de *Bonga* ou de *M'bossi*.

De nos stations sur le Congo, la première qu'on rencontre en descendant ce fleuve est *Nganchouno;* c'est le port de *Makoko*. Makoko, ou mieux *Mbé,* à quelques kilomètres de là, est le village où notre allié le roi Makoko a établi sa résidence. A une centaine de kilomètres environ de cette dernière station se trouve *Brazzaville,* assise sur l'extrémité d'une croupe assez large qui domine le Congo, et s'abaisse brusquement à cent mètres de la rive dans un éboulement de sable argileux. « Cette croupe, dit M. de Brazza, semble être le premier obstacle contre lequel se butte le fleuve pour aller en tournant se précipiter à la première cataracte. De là le regard embrasse dans son entier l'immensité de Stanley-Pool et tout le cirque de hautes montagnes qui l'entourent. Le pays est peuplé, le sol est fertile, l'air est sain et la brise constante d'ouest y apporte la fraîcheur relative des plateaux qu'elle a traversés. » M. de Brazza acquit des indigènes, pour une valeur inférieure à deux cents francs, le petit village choisi pour l'emplacement de la station. M. de Chavannes acheva l'installation de Brazzaville, qui se compose actuellement d'une vingtaine d'habitations entourées d'un jardin. Grâce à sa position géographique, cette station est appelée à rendre de grands services. Détail à noter : Brazzaville est le centre d'un marché d'ivoire très important.

La mission de l'Ouest africain a encore établi sur le Congo le petit poste de *Nzabi* et celui de la Nkundja. Le poste de Bonga, commandé par M. Pierron, adjudant des tirailleurs algériens, n'a qu'un personnel très restreint.

Sur le Niari-Quillou nous comptons trois stations, *Niari-Babouendé,* qui possède des cases d'habitation et des magasins; *Niari-Loudina,* située au confluent de ces deux cours d'eau, et *Ngotou.* Ce poste a été créé par MM. le lieutenant de vaisseau Manchon et Famelart, naturaliste. M. Manchon y laissa le sergent Weistroffer, qui a construit avec ses laptots un fortin et une redoute. Perché sur la falaise, aux « portes du Ngoton », où la rivière est étranglée entre deux hautes murailles de basalte, le poste commande absolument le passage. La station de

Niari-Loudima a été créée par M. Dolizie, qui y laissa pour la défendre le docteur Gros et le sergent Chollet. M. Grant-Elliot, agent de l'Association internationale, avait fondé au confluent de la Loudima et du Niari un poste qu'il avait baptisé du nom de Stéphanieville. Il s'était même déclaré propriétaire du confluent des deux cours d'eau, lorsqu'en juin 1884 M. Dolizie fut abandonné près de Stéphanieville par son escorte; les chefs indigènes lui offrirent de fonder un poste de l'autre côté de la Loudima, vis-à-vis de celui de l'Association internationale; ils établirent ainsi leur parfaite indépendance. L'Association n'était, en effet, que locataire des emplacements sur lesquels elle avait élevé son poste. M. Dolizie n'hésita plus, et la conférence de Berlin est venue confirmer nos droits sur ce point.

La station de *Setté-Camma*, sur la côte, fut fondée le 15 décembre 1883, par ordre du gouverneur du Gabon. M. Avinenc, qui en était titulaire, reçut, en janvier 1884, la visite de M. Grant-Elliot. Celui-ci arriva avec plusieurs soldats zanzibarites. Après avoir déclaré à M. Avinenc que le territoire sur lequel le poste était établi appartenait à l'Association internationale, il somma notre compatriote de l'évacuer.

M. Avinenc n'avait avec lui que trois sénégalais et quelques kroumen. Il les rangea en bataille devant le poste et déclara à M. Grant-Elliot qu'il allait faire tirer sur lui. Cette résolution énergique amena la retraite des représentants de l'Association internationale.

Loango et la *Pointe-Noire* sont de bons mouillages que nous avons acquis en vertu du traité passé le 12 mars 1883 par M. Cordier avec Manipombo, chef de Chissangha. M. Grant-Elliot conclut avec Manipombo des conventions qui réduisaient les nôtres à néant. Mais ces traités, postérieurs aux nôtres de soixante jours, ont été annulés par le congrès de Berlin, qui nous a restitué les postes de *Rudolfstadt*, de *Grantville*, d'*Alexandreville*, de *Stéphanieville*, de *Frankville* et de *Baudouinville*, fondés par cet officier. Autant de noms qu'il convient d'ajouter à la liste de nos stations [1].

La baie de Loango est située par 4° 20 de latitude sud, à quarante lieues de l'embouchure du Congo, et à 450 kilomètres environ de Brazza-

[1] Par la convention additionnelle du 16 mars 1886 au traité du 5 février 1885 entre la France et l'Association internationale du Congo, l'Association internationale cède à la France les stations et propriétés qu'elle possède à titre privé dans les territoires nous appartenant actuellement.

Le Congo.

ville. C'est au fond de la baie que se trouve le village de Loango.

La plage offre un abord facile, et les grands bâtiments y trouvent un excellent abri.

La baie de Pointe-Noire s'étend au sud de Loango. Elle en est séparée par un petit cap : la pointe Indienne.

On ne trouve à Pointe-Noire, outre les deux postes de la mission de l'Ouest africain, que quelques cases habitées par les indigènes et les traitants.

CHAPITRE IV

PEUPLADES DE L'OGOOUÉ ET DU CONGO

Ethnologie. — Mpongwés, Boulous et Shekianis. — Peuplades du bassin de l'Ogooué : les Bakalais, les Ivilis, les Gallois, les Pahouins, Osyebas, Okandas, Adoumas, etc. — Peuplades du bassin de l'Alima et du Congo : Batékès, Abomas, Oubandjis, etc. — Peuplades du bassin du Niari. — Mœurs, usages, coutumes, religion. — L'autorité chez les nègres. — Les rois du Congo et de l'Ogooué.

Les classements ethnologiques des diverses tribus qui peuplent le Gabon et le Congo sont assez hypothétiques. Le Dr Hamy a divisé ces peuplades en trois groupes. Un premier groupe, rattaché intimement aux négrilles, ou pygmées de l'Afrique équatoriale, comprend les Okoas de l'estuaire de l'Ogooué, les Babonkos, appelés aussi Bakkés; les Bongos, disséminés en petits groupes chez les Boulous; les Camas, les Javis, les Apingis, les Adoumas, etc.

Dans un second groupe, le Dr Hamy place les vrais nègres de la région, tous plus ou moins étroitement rattachés à la grande famille Bantou, qui embrasse l'Afrique centrale tout entière, au pays hottentot près. Il y a cependant des subdivisions assez importantes à observer entre les différentes tribus nègres qui appartiennent à la famille Bantou : les Apingis, les Osyebas, les Okandas, les Okotas, les Yalembongos, les Adoumas; les Shabes sont loin de ressembler aux Mpongwés, aux Ourougnous, aux Camas, aux Toungoujoutis, aux Ajoumas, aux Gallois, aux Inengas, nègres du bas Ogooué, et une différence plus grande s'établit encore avec les Bantous du sud de la rivière Setté, les Mayombos.

Le troisième grand groupe est celui que composent toutes ces tribus d'immigration récente descendues du nord-est, et qui, sous le nom de Pahouins, ont pénétré jusqu'à l'estuaire du Gabon.

Tous ces nègres ont en commun une *dolichocéphalie* accentuée, un *prognéthisme* des plus remarquables, une coloration acajou bien différente des tons noir grisâtre des nègres de la côte.

Nous avons tenu à faire connaître d'après le

Dr Hamy l'ethnologie des peuplades de notre nouvelle colonie. Pour les passer en revue, nous ne nous baserons pas toutefois sur les divisions ethnologiques; nous suivrons les divisions géographiques indiquées par les bassins de l'Ogooué, de l'Alima, du Congo, du Niari-Quillou.

1. *Peuplades du bassin de l'Ogooué*: Bakalais, Camas, Galois, Inilis, Fans ou Pahouins, Ossyébas, Okandas ossyebos, Oakas, Adoumas, Bangouens, Gkotas, Apingis, Adzianas.

2. *Peuplades du bassin de l'Alima et du Congo:* Achicouyas, Abomas, Batékès, Oubandjis (Appourous, Bafourous, Achialoums, Agnougnou, etc.), Mbochés.

3. *Peuplades du bassin du Niari-Quillou.*

Avant de passer en revue les peuplades du bassin de l'Ogooué, disons quelques mots sur les Mpongwés, les Boulous et les Shekianis qui habitent les deux rives du Gabon.

Les Boulous et les Shekianis sont fort peu nombreux aujourd'hui. On a évalué leur nombre à trois mille. C'était autrefois une peuplade puissante et redoutée. Décimés par les Fans, les restes de leurs tribus vivent à l'état sauvage dans les forêts. Plus noirs que les Mpongwés, ils ont la peau rude, les mâchoires saillantes; leur physionomie a un cachet de bestialité très prononcé. Leurs cases, construites avec des feuilles de raphia, sont petites et mal bâties. Leurs vêtements consistent dans un pagne taillé dans une pièce d'étoffe qui les couvre de la ceinture au genou. Ils sont fétichistes et adonnés aux plus grossières superstitions.

« Il est impossible, dit M. de Compiègne, d'assigner une histoire aux Mpongwés. Chose singulière, dans tous ces peuples de l'Afrique équatoriale, malgré les recherches les plus attentives, nous n'avons pu découvrir aucun récit, aucune légende, aucune tradition se rapportant à ce qui s'est passé au delà de leurs pères. Pour les Mpongwés, que l'on appelle à la côte les Gabonais, la chose est d'autant plus extraordinaire qu'ils ont certainement eu une civilisation bien plus avancée que celle des autres noirs du même pays. La meilleure preuve en est la manière dont, sans jamais avoir été écrite, leur langue s'est conservée chez eux intacte avec ses déclinaisons, ses conjugaisons, ses sacrifices continuels à l'harmonie. Ils poussent du reste à un point inouï le sentiment de leur supériorité sur les peuplades qui les avoisinent. Certes, jamais citoyen romain, interrogé sur sa nationalité, n'a répondu l'*Ego sum civis romanus* avec autant d'orgueil que le Mpongwé son *Mi are Mpongwé* : « Je suis Mpongwé. » Il serait profondément humilié si on lui disait qu'il y a quelque chose de commun entre lui et un Bakalais, un Boulou ou tout autre habitant de l'intérieur. « Tais-toi donc, affreux nègre! disions-nous un jour à notre chasseur François Koëben, qui nous impatientait depuis une heure.

« — Moi, il pas nègre, nous répond-il furieux; moi, il pas manger monde comme Pahouins; moi, il connaît parler français, faire commerce, chasser; moi, il né Mpongwé; Mpongwé il connaît tout comme blanc; Mpongwé il pas nègre. »

Ce n'est pas au Mpongwé qu'il faut demander un travail pénible. « Homme indolent et sans ressort, dit M. Griffon du Bellay, le Gabonais sait très bien répondre quand on lui propose un labeur un peu sérieux : « Ça, travail pour kroumen, » ou mieux encore : « Travail pour blanc; » selon lui, le bon Dieu ne veut pas que les Mpongwés travaillent. C'est donc dans son village qu'il faut aller le chercher, ou bien sur la plage qui lui sert de grande route, car, en sa qualité de courtier maritime (c'est son métier quand il en exerce un), il a son village au bord de l'eau ; sa pirogue est son seul véhicule, la plage son chemin de communication.

« Il est beaucoup trop paresseux pour faire un pêcheur ; il se nourrit, il est vrai, de poissons qu'il fait sécher au soleil, mais la façon dont il les recueille n'exige pas beaucoup de fatigue. Il parcourt à marée basse les plages, regardant attentivement dans les criques minuscules des rochers et les trous dans lesquels l'eau séjourne, et il fait main basse sur les poissons que le flux y a laissés. »

Le Mpongwé est un assez beau type de nègre. « Il est généralement grand et bien proportionné, dit le Dr Lestrille. Les saillies dessinées par ses muscles dénotent la vigueur. La jambe est mieux faite qu'elle ne l'est ordinairement chez le noir ; le pied est plat, mais le cou-de-pied est cambré ; la main est petite et parfaitement attachée. Les yeux sont en général beaux et expressifs, le nez peu ou point épaté, la bouche médiocrement fendue ; la lèvre inférieure est épaisse sans être pendante. La couleur est plutôt bronzée que noire ; le système pileux est relativement développé ; la plupart se rasent une partie des cheveux en figurant des dessins variés ; beaucoup sont complètement dépourvus de barbe; enfin leur poitrine est large et bien développée ».

« Après la vanité, dit M. de Compiègne, la passion dominante des Mpongwés est le commerce, dans lequel ils se montrent d'une rouerie sans pareille. Lorsque M. Duchaillu était au Gabon, ils avaient absorbé le monopole du trafic avec l'intérieur, dans lequel ni eux ni leurs voisins de la côte les Camas ne laissaient pénétrer aucun blanc; ils réalisaient ainsi de gros bénéfices; aussi tous étaient des courtiers chez lesquels le négociant qui débarquait au Gabon allait traiter les affaires. A cette époque, la plupart avaient fait clouer sur la porte de leurs cases des pancartes annonçant leur profession : *Jacques, lui bon courtier, lui cousin à roi Denis.* Ces enseignes étaient presque toujours rédigées par des matelots. Ceux-ci s'amusaient souvent aux dépens des noirs, naturellement incapables de lire ce qu'ils écrivaient. C'est ainsi qu'un voyageur a vu affiché sur une case : *Njogou, grand fripon, gros imbécile,* et sur une autre : *Rengona, courtier voleur et ivrogne.* Aujourd'hui la profession de courtier n'existe plus, les blancs ayant, à leur immense avantage, pénétré dans l'intérieur et établi des relations directes avec les habitants. Les ex-courtiers se sont faits traitants ; ils sont généralement attachés à quelque factorerie, reçoivent des marchandises à un prix de, et vont les vendre le plus cher possible assez loin de là; souvent aussi ils gèrent de petites factoreries dont l'importance n'exige pas la présence d'un agent blanc. »

Chaque village mpongwé est gouverné par un chef qui prend le titre d'ôga (roi). L'un de ces ôgas, le roi Denis, a joui d'une grande autorité parmi les siens. Il compte parmi les ôgas nègres qui ont exercé une influence salutaire sur leur peuple, et la chose est rare, au Gabon surtout. Il a toujours témoigné aux Français une très grande sympathie, et nous a rendus de réels services. Le roi Denis est chevalier de la Légion d'honneur. La reine Victoria lui a envoyé une énorme couronne d'or, et le pape l'a décoré de l'ordre de Saint-Grégoire en raison des services rendus à nos missionnaires.

1. *Peuplades du bassin de l'Ogooué.*

Les *Bakalais* occupent sur la rive gauche de l'Ogooué un vaste territoire. Ils sont extrêmement nombreux, et l'on en rencontre dans le Gabon et dans toute la partie explorée du pays compris entre l'équateur et le deuxième degré de latitude sud. M. Duchaillu les représente comme des peuples aimant le travail, mais très cruels, perfides et d'une extrême rouerie dans le commerce. Il est vrai, comme le fait observer M. de Compiègne, que les Bakalais vus par M. Duchaillu sont très éloignés de ceux du haut Ogooué et n'entretiennent avec eux aucune communication; mais toutes ces tribus qu'on a, avec raison, comparées aux Israélites des anciens temps ont, quel que soit leur éloignement les unes des autres, les mêmes mœurs. Fréquemment en guerre avec les Fans, les Gallois, les Inengas et même entre eux, ils ont l'habitude de fortifier la plupart de leurs villages. A l'opposé des villages des Gallois et des Inengas, ceux des Bakalais sont très sales. Les femmes bakalaises se teignent les cheveux en jaune, vert et rouge; quelques-unes se coiffent avec une sorte de bonnet de coton. Elles ont des mœurs extrêmement dépravées, et sont très cupides. Les Bakalais des lacs Isanga et Ogouémouen pratiquent la crémation de leurs morts; ceux du haut Ogooué les jettent à l'eau. Ils font une exception pour les guerriers tués à l'ennemi.

Les *Camas* qui habitent les bords du Fernand-

Vaz ont tous les défauts des Bakalais; comme eux, ils sont turbulents, querelleurs et d'une avidité incroyable. Chez eux également la dépravation est extrême. Intelligents et braves, ils sont susceptibles comme les Bakalais de faire d'excellents travailleurs. Chez eux, la femme est un être intermédiaire entre l'homme libre et l'esclave. Les Camas s'en servent comme d'un instrument de crédit. Quand ils contractent une dette, ils donnent souvent une ou plusieurs de leurs femmes en garantie.

Les *Ivilis* occupent les bords de l'Akalois, un des affluents de l'Ogooué. On croit que ces peuplades sont venues du sud. Elles deviennent de plus en plus nombreuses dans les régions qui avoisinent l'Ogooué. D'après l'amiral de Langle, les Ivilis seraient originaires du Congo, dont ils parlent la langue, et avec lequel ils sont en relations suivies d'affaires.

L'assertion de l'amiral de Langle paraît inexacte, si l'on n'examine que les Ivilis de l'Akalois; mais les Ivilis des chutes de Samba ont un idiome qui diffère considérablement de celui des premiers. Il contient une foule d'expressions appartenant à des dialectes parlés au Congo. « Il est donc vraisemblable, dit le marquis de Compiègne, que les Ivilis établis depuis longtemps sur le bord de l'Ogooué, n'ayant plus de rapport avec leur ancien pays, ont vu leur langue s'altérer, se mêler de bakalais et de mpongwé, et finalement ne plus ressembler du tout à ce qu'elle était autrefois. » Les Ivilis sont des hommes doux, inoffensifs, désireux d'accueillir les blancs; ceux des bords de l'Akalois sont peut-être plus superstitieux encore et plus craintifs que les autres noirs. Au physique, les hommes sont très inférieurs comme taille et comme beauté plastique aux Mpongwés; quant aux femmes, elles sont, à peu d'exceptions près, très laides. Les tribus qui sont établies sur les bords de la rivière Akalois ont adopté les mœurs, la coiffure et la langue des Gallois, au milieu desquels ils ont vécu longtemps; ils ne paraissent avoir conservé des traditions de leur pays qu'une sorte de danse assez originale, à laquelle M. de Compiègne a pu assister et qu'il décrit ainsi :

« Les danseuses sont généralement au nombre de quinze ou vingt; elles se rangent en cercle; chacune d'elles porte, piquées dans ses cheveux, sept ou huit longues baguettes surmontées chacune d'une grande plume blanche ou rouge. Le féticheur se place au milieu du rond et donne le signal des évolutions; toute la bande se met en branle avec force contorsions et chansons; puis tout à coup une danseuse sort des rangs, se place vis-à-vis du féticheur, et commence à mimer avec lui les péripéties d'un événement quelconque. Dans une de ces danses, dont je fus témoin oculaire, le premier sujet du corps de ballet faisait le rôle d'une femme qui mourait empoisonnée; elle imita, avec une réalité qui eût fait envie à Mlle Croizette, les tortures de l'agonie de la victime et finit par tomber sur le sol, frémissante et épuisée au milieu des *io! io!* (bravos) frénétiques de l'assemblée. »

Les *Gallois* ou *Galois* habitent les bords du lac Z'Onangué. Les Bakalais, qui gagnent constamment du terrain, tendent à envahir de plus en plus leur territoire. Les Gallois sont de bons piroguiers. Les mœurs chez eux ne sont pas meilleures que chez la plupart des noirs. Ils vendent leurs femmes comme ils feraient d'une de leurs cases. Ils sont aussi ivrognes que les Mpongwés, et aussi superstitieux que leurs voisins les Inengas et les Ivilis, qui ont leurs mœurs et leurs coutumes. M. Marche raconte que, quand il se rendit chez eux lors de son second voyage au Congo, leurs villages étaient complètement inondés, les habitants s'étaient réfugiés sur les hauteurs, et de temps en temps ils venaient en canot chercher les ustensiles dont ils avaient besoin et leurs poules réfugiées sur les toits.

« Une légende était mise en circulation par les Gallois. Un jour, disaient-ils, une femme nous est apparue portant un enfant dans un bras et de l'autre main tenant un papier que nous n'avons pu lire, parce que nous ne sommes pas des blancs: « La saison sèche, nous a-t-elle dit, « sera très courte, et vous n'aurez rien à manger. »

De toutes les tribus du bassin de l'Ogooué, la plus intéressante, d'après M. Dutreuil de Rhins, serait celle des Fans ou Pahouins.

« Les Fans, dit cet explorateur[1], sont en réalité moins guerriers que chasseurs, mais ils sont aussi cultivateurs, et vivent autant de leurs plantations que de leurs chasses; ils travaillent le fer, le bois, etc., et seront des ouvriers très intelligents; ils ont un grand goût pour le commerce, et celui de nos produits leur créera des besoins; mais on ne les tiendra par les intérêts qu'en ménageant leur caractère et en traitant ces hommes libres comme ils méritent de l'être:

---

[1] Mager, *Atlas colonial*. Notice sur le Congo.

avec fermeté, mais avec justice. Les défauts qu'on reproche aux Pahouins sont surtout la conséquence de l'état dans lequel les oblige à vivre la migration générale de la race, état de défense, de conquête, de misère. Il est certain que, si les blancs ne leur donnent que l'exemple de leurs vices, ou s'ils cherchent à les exploiter uniquement par la force, l'avenir prouvera qu'ils auront perdu leur temps; l'emploi des procédés militaires contre de telles gens, dans un pareil pays, serait un folie ruineuse et nous priverait de la main-d'œuvre dont la colonisation aura absolument besoin. C'est en les laissant se répandre au Congo français parmi les autres tribus, en tenant la balance entre ces tribus, en faisant avec les uns et les autres œuvre de véritables civilisateurs, d'administrateurs intelligents et surtout très patients, que nous nous procurerons cette main-d'œuvre indispensable pour la mise en valeur de notre nouvelle possession. »

En général, les Fans (car le nom de Pahouins — corruption du terme Mpanjwen, — n'a pas de raison d'être) sont de très beaux hommes. Grands, bien faits, assez maigres, les pommettes très saillantes, le front proéminent, ils ont l'air énergique et décidé.

Les femmes sont aussi laides que coquettes. Elles ont cependant des attaches assez fines et de petites mains. Vêtues de deux tabliers en peaux de bêtes, qu'elles portent l'un par devant, l'autre par derrière, elles se chargent les bras de verroteries, d'anneaux de cuivre, se couvrent la poitrine de colliers, et se peignent une partie du corps en rouge et en jaune. Les Fans sont polygames ; chez eux la femme est considérée comme une bête de somme qui est destinée aux travaux pénibles. Ils sont moins dépravés que la plupart des noirs, et l'ivrognerie chez eux est moins répandue que chez les autres peuplades. On leur a fait une réputation de cannibalisme très méritée du reste ; M. de Compiègne prétend qu'ils mangent non seulement leurs ennemis tués à la guerre, mais encore leurs concitoyens morts de maladie. Toutefois l'anthropophagie chez eux tend à diminuer.

Chez les Fans, le chasseur sert admirablement le commerçant. Le Pahouin est le braconnier par excellence. Sa façon de chasser l'éléphant par la destruction, en une seule chasse, de troupeaux entiers arrivera infailliblement à faire disparaître le commerce de l'ivoire au Gabon. Les Fans étaient autrefois armés de petites flèches et d'arbalètes, de lances, de zagaies et de longs couteaux. Aujourd'hui ils se servent de fusils à pierre et de fusils à piston. Ils se nourrissent principalement des produits de leurs chasses et de leurs pêches. Un mets très recherché par eux est la fourmi ntchongou ; ils les pilent et les font bouillir dans une énorme marmite avec une herbe dont le goût ressemble à celui de la chicorée.

Les *Osyebas* sont incontestablement des membres de la famille des Fans, de même que les Monbouttous et les Niams-Niams qui habitent à l'orient de l'Afrique, entre le quatrième et le sixième degré de latitude nord. Comme les Fans, les Niams-Niams se liment les incisives en pointes; ils portent aussi des vêtements d'écorce, ont la même façon de se coiffer, et beaucoup de leurs coutumes sont identiques. Les deux peuples sont anthropophages; l'époque de la pleine lune est pour eux le signal de danses et d'orgies. Beaucoup de leurs armes sont exactement semblables : nous ne citerons que le *houbache* ou *houmbache*, couteau d'une forme très bizarre et très compliquée, que l'on retrouve chez les Pahouins et les Osyebas; il paraît difficile qu'une arme pareille ait été inventée à la fois par des peuples n'ayant pas des relations communes.

Quant aux Monbouttous, compris entre le troisième et le quatrième degré de latitude nord, ce sont les plus enragés mangeurs d'hommes de toute l'Afrique. Le Dr Schweinfurth évaluait leur nombre à plus d'un million. Cet explorateur estime que cette peuplade, malgré son régime alimentaire, est autrement cultivée que ses voisines. Les Monbouttous, dit-il, ont un esprit public, un certain orgueil national; ils sont doués d'une intelligence et d'un jugement que possèdent peu d'Africains; leur industrie est avancée, et leur amitié sincère.

Les Osyebas, qui sont les congénères de ces peuplades, occupent les deux rives de l'Ogooué au delà de l'Ofoué. Vêtus, comme les Fans, du double tablier d'écorce, ils portent par derrière une peau de chat-tigre; ils ont les mêmes armes que les Pahouins, les mêmes coutumes et les mêmes mœurs. Ils sont fréquemment en guerre avec les Okandas et leurs alliés les Osyebos. Ces dernières peuplades accueillent très gracieusement les blancs. Elles ont compris de bonne heure quels avantages elles pouvaient retirer, pour leur commerce, de la présence des Européens parmi elles. Les Okandas ont été, avec les Gallois, les Adoumas, etc., les premiers auxiliaires de M. de Brazza. Ce sont d'assez beaux hommes, très bavards, assez serviables, mais ils ne sont pas aussi courageux que les Osyebas. Les femmes Okandas sont assez bien faites; leur costume est des plus primitifs : un morceau de natte qu'elles attachent autour des reins; assez coquettes, elles chargent leurs bras de bracelets, de perles ou de verroteries; elles portent une quantité de colliers, et passent un temps infini à arranger leurs coiffures. Elles sont d'ailleurs aussi dépravées que les Gabonaises.

Sur la rive droite, près des rapides de Bombé, on rencontre le petit pays des Oakas; ils occupent un coin de terre que les Osyebas leur ont laissé. « Les Oakas, dit M. de Compiègne, vivent presque à l'état primitif et exclusivement du produit de leurs chasses et de leurs pêches. Ils sont traités de sauvages par les Okandas eux-mêmes. Les Osyebos ressemblent assez aux Okandas, seulement ils sont moins grands et moins bien faits. »

Les Adoumas, dans le pays desquels est située notre station de Madiville, sont petits, larges d'épaules, le nez démesurément aplati, les yeux percés en vrille. Ce sont, avec les Okandas, les piroguiers par excellence du bassin de l'Ogooué.

« Toutes les anciennes tribus de l'Ogooué, dit M. de Brazza, sont maintenant complètement dans nos mains. Par les traités qui les lient, leurs hommes nous doivent annuellement un temps déterminé de service; en dehors de leur salaire, ils trouvent dans de sérieux avantages économiques et dans notre protection une compensation au temps qu'ils nous consacrent. C'est grâce au concours qu'ils ont prêté à la mission française qu'on a pu faire monter à Franceville plus de quatre cents tonnes de marchandises en cinq mois. En dehors de leurs pirogues, très bien construites, les objets en bois et en fer qu'ils travaillent sont assez grossiers et leurs instruments très primitifs. »

Le P. Davezac, qui a fondé une mission chez les Adoumas, nous a rapporté sur ce peuple, qu'il juge bien supérieur à la plupart des peuplades environnantes, des détails fort précieux.

« Il est, dit-il, de mœurs douces et vit de la vie de famille. Le matin, après avoir mangé quelques bananes arrosées d'huile de palme, la famille quitte le village. En avant marche la femme, portant le plus souvent sur son dos un enfant encore à la mamelle et qui dort du sommeil du juste. Voici venir après elle, ses enfants plus âgés, munis qui d'un panier, qui d'un instrument de culture. Enfin le mari, toujours armé de son sabre d'abatis, ferme la marche. C'est vers les plantations qu'on se dirige. Pendant que la mère s'occupe de semer, que le père va à la recherche des palmiers, l'aîné des enfants garde les plus jeunes. Ce n'est point ici comme chez les autres peuplades, où le père ne s'occupe de son enfant que lorsque celui-ci peut lui rendre service. Le cœur paternel de l'Adouma est aussi sensible que celui de la mère. Tous deux se partagent les soins de l'éducation avec le même amour et la même assiduité. Le soir venu, les hommes se rassemblent sous le toit d'une ou de plusieurs maisons communes et attendent, en causant entre eux, l'heure du repas, après lequel ils s'étendent sur des nattes ou des troncs d'arbres juxtaposés.

« Parfois, au lieu de se coucher après le repas, les habitants se rassemblent au milieu du village. On bat le tam-tam si connu dans toute l'Afrique, et une danse s'organise, à laquelle prennent part tous ceux qui ont la force de pousser un cri et de lever le pied en cadence. On célèbre les exploits des ancêtres, les avantages de la guerre ou les plaisirs que l'on goûte sous un bon toit, au milieu de nombreux enfants. Dans les grandes fêtes, cette danse dure toute la nuit. D'ordinaire elle se termine vers minuit, et alors le silence le plus profond règne partout.

« Tel est ce peuple, qui jusqu'ici n'a pu jouir des bienfaits de la civilisation, qui n'a point surtout ressenti la douce et salutaire influence de notre saint Évangile. Il y a quelques jours à peine, il était cruellement exploité par des entremetteurs qui venaient s'approvisionner chez lui de chair humaine. Pour quelques livres de sel et quelques lambeaux d'étoffes, ces misérables chargeaient leurs pirogues de malheureux esclaves. Si cet appât ne réussissait pas aux négriers, la force brutale y suppléait. Un homme d'un caractère énergique, d'un vrai dévouement pour les noirs, M. de Brazza, est venu rompre les chaînes que les pauvres Adoumas portaient, selon la loi imposée à leur race. Les Adoumas et tous les peuples riverains de l'Ogooué ont su apprécier ses bienfaits. Ils aiment, ils vénèrent leur libérateur. Dernièrement, après une assez longue absence, M. de Brazza revenait au milieu de ses protégés. Le jour de son arrivée, plus de six cents hommes se précipitaient à sa rencontre, l'enlevaient sur leurs épaules et, poussant des cris de joie, l'appelaient leur père, leur sauveur. Puis, le plaçant dans une grande pirogue où se trouvaient quarante des plus rudes pagayeurs, ils le promenaient en chantant autour d'un banc de sable, et une danse générale était organisée en son honneur. »

Les Bangoués ou Bangouens sont les voisins des Okandas et des Adoumas. Ils forment une tribu fort nombreuse. Leur territoire commence à trois lieues et demie à l'est de Lopé. Ils appartiennent à la grande tribu des Bakalais, dont ils parlent le langage; ils semblent plus pacifiques et plus doux que les Bakalais de la côte; ils n'ont pas non plus les aptitudes commerciales de ces derniers. Une de leurs principales ressources est la chasse. Chez eux le caoutchouc est en abondance. Ils ont aussi beaucoup de miel; leurs ruches, dit le marquis de Compiègne, sont installées dans de gros morceaux de bois creusés, et longs d'environ un mètre, qu'on accroche en haut des bananiers ou des arbres voisins de la plantation; avec la cire ils font des galettes de trois à quatre livres chacune, qui leur sont achetées pour quelques feuilles de tabac ou quelques pincées de sel par les Gallois et les Inengas.

Naturellement les Bangouens sont polygames, mais leur première femme ou femme-chef a généralement sur les autres une grande autorité.

En général, toutes les femmes sont très laides; la couleur de leur peau est d'un jaune sale, et leur corps, surtout sur la poitrine et l'estomac, est couvert d'un très vilain et très compliqué tatouage produit par des excroissances de chair teintes en bleu. En revanche, elles sont d'une force herculéenne, et portent pendant des journées entières d'énormes fardeaux. Les maisons des villages bangouens sont comme celles des bakalais, rangées sur une seule ligne et bâties en écorce. L'accès en est défendu par des espèces de fortifications.

Excepté en temps de guerre, les Bangouens préfèrent vivre dans leurs plantations, ou camper dans la plaine comme ils font quand ils ont tué un éléphant ou même un bœuf. Dans ce cas, ils construisent sur le lieu même un de ces abris en feuillage appelés *olakos,* et y demeurent tant qu'il reste un os à ronger dans le gibier abattu.

« Les *Okotas,* dit M. Marche, sont généralement petits; ils semblent fort voleurs, et seraient méchants s'ils étaient plus braves; les femmes sont sales, et de mœurs qui, pour ne pas être aussi relâchées que chez les Gabonais et chez les Gallois, sont loin d'être pures. Il n'y a qu'un an ou deux que les Okotas sont établis sur les îles de l'Ogooué; ils habitaient auparavant la rive droite du fleuve, où ils avaient de riches plantations. Mais les Osyebas les en ont chassés, et, quoique ces derniers n'habitent pas le terrain par eux conquis, aller aux provisions est toujours fort dangereux pour les Okotas. »

Les *Apingis* ont été, eux aussi, chassés des territoires qu'ils occupaient par les Osyebas. Ils constituent une tribu beaucoup moins nombreuse et de commerce plus facile que les Okotas.

Les *Adzianas* diffèrent fort peu des Adoumas. L'une de leurs principales occupations consiste à faire du sel. Pour cela, ils prennent la pelure de bananes mûres, la font brûler, lavent les cendres, les font bouillir et se servent de l'eau comme de condiment. Les Adoumas font également du sel, mais avec une plante aquatique qu'ils cultivent. Les Adzianas entretiennent des relations commerciales avec les M'baitai, qui viennent du sud. Les types varient fort peu, et le costume est toujours le même. Les hommes portent un pagne qu'ils fabriquent avec une plante textile; les femmes portent une double natte du même tissu par devant et par derrière. Elles accrochent à leurs oreilles des morceaux de bois plus forts que le pouce; quelques-unes remplacent cet ornement par des feuilles ou des herbes.

Peuplades du bassin de l'Alima et du Congo.
Au sud de l'Alima, entre les rivières Lekété et Mpama, on rencontre le plateau des *Achicouyas,* plateau élevé d'environ huit cents mètres, et que la Mpama sépare du plateau des Abomas.

Les Achicouyas sont d'assez beaux hommes; ils sont plus propres et mieux vêtus que les Batékès. C'est à l'agriculture qu'ils demandent leurs principales ressources; ils ont des plantations de maïs, de manioc, de tabac, d'arrachides.

Le pays de leurs voisins les *Abomas* est moins cultivé que le leur. M. de Brazza cite les Abomas comme les noirs les plus beaux et les plus courageux que l'on rencontre entre le Gabon et le Congo. Ce furent eux qui lui parlèrent pour la première fois du grand fleuve que, dans ces contrées, ils appelaient Oloumo. « Le commerce des esclaves, dit l'éminent explorateur, la fabrication d'étoffes très fines en fil de palmier et la navigation sont les principales ressources des Abomas. »

Les *Batékès* sont anthropophages comme les Osyebas. A l'âge de cinq à six ans, on taille les dents aux enfants si près de la racine, qu'à peine les aperçoit-on. Ils sont extrêmement superstitieux, croient aux amulettes, et sont convaincus que celui qui a du feu dans sa case n'a rien à craindre de la foudre.

Ils sont très jaloux de leurs femmes, lesquelles sont fort laides.

Ils construisent leurs villages sur des hauteurs, et ont soin de choisir un emplacement assez boisé.

Le principal objet d'échange chez eux est la poudre. Les perles rondes en verre bleu sont aussi très recherchées par ce peuple. Les Batékès du haut Alima ont commencé à devenir nos pagayeurs, et, sur les plateaux qui séparent le bassin de l'Ogooué de celui du Congo, nous avons, dans les groupes de villages voisins de la route, plus de trois mille Batékès qui, pour n'être pas encore précisément enrôlés et disciplinés, n'en effectuent pas moins honnêtement et régulièrement nos transports.

Les Batékès de Mbey et de Linzolo sont aussi anthropophages que ceux de l'Alima ; le P. Augouard raconte qu'ils mangent avec avidité les pieds et les mains des cadavres que l'on doit enterrer. C'est pour eux un moyen de se préserver des mauvais esprits et de se garantir des ennemis. Ils sont également superstitieux et enragés fétichistes. « L'idée du surnaturel est tellement enracinée chez ces peuples, dit le P. Augouard, qu'ils inventent immédiatement des fables pour expliquer les événements qui se présentent. « C'est ainsi qu'aujourd'hui ils croient que c'est l'esprit de l'ancien Makoko qui est revenu dans le corps de M. de Brazza, pour expliquer l'autorité que celui-ci a si rapidement acquise dans ces contrées. »

Ils s'adonnent peu à l'agriculture, et préfèrent vivre misérablement plutôt que de travailler la terre, qui les récompenserait au centuple de la peine qu'ils se donneraient.

« Les *Oubandjis*, dit M. de Brazza, sont connus sous les différents noms d'*Appourous*, *Bafourous*, *Achialoums*, *Agnougnous*, etc., dont la signification se rapporte à leur situation géographique, leur métier, leur costume, etc.

Il serait très embarrassant de traduire quelques-uns de ces termes autrement qu'en latin; celui d'Abhialoumo (marin du Congo) est bien mérité par ces Oubandjis, qui naissent, vivent et meurent avec leurs familles dans ces belles pirogues sur lesquelles ils font seuls les transports d'ivoire et de marchandises entre le haut Alima et Stanley-Pool.

Le P. Augouard, dans la relation de son voyage de Brazzaville à l'équateur, décrit ainsi les Afourous :

« Cette tribu est nomade et passe toute sa vie dans des pirogues sur le Congo.

« Les gens sont forts et bien découplés; leurs cheveux sont tressés en trompe d'éléphant, et leur peau fortement teinte en rouge. Ils ne sont vêtus que d'étoffes européennes, pas grandes il est vrai, et ils échangent volontiers leurs produits contre des objets de facture européenne. Le jour, ils sillonnent le fleuve dans leurs pirogues, où ils pêchent d'excellents poissons qu'ils font fumer le soir, sur la rive, pendant que les femmes font de grandes jarres de vin de canne à sucre. Ils échangent leur poisson contre des baguettes de laiton ; ils remontent alors le fleuve, et vont acheter de l'ivoire qu'ils descendent vers le Pool,

Types de Batékès.

où ils le troquent contre des tissus, de la poudre, des fusils, qu'ils revendent plus tard avec avantage dans le haut du fleuve, lorsqu'ils ne l'ont pas dépensé en libations, ce qui arrive presque toujours. Ils recommencent alors le même métier, vivant au jour le jour, sans préoccupation du lendemain, et mourant dans leurs pirogues sans avoir jamais habité un village ou possédé une chétive case. Quelle existence, dans une pirogue de six à huit mètres de long sur cinquante à soixante centimètres de large! »

Suivant le même auteur, les *Mbochis*, autre tribu riveraine du Congo, sont loin d'avoir les instincts belliqueux des peuplades du haut Ogooué. Ils sont timides à l'excès, et, s'ils se servent du fusil, ce n'est que pour les réjouissances et pour les enterrements; encore prennent-ils pour cela les précautions les plus minutieuses. Le fusil, convenablement chargé, est soigneusement attaché par terre entre des piquets; la foule se tient à une distance convenable, pendant qu'un enfant vient en rampant tirer prudemment la gâchette. Les assistants se sauvent alors à toutes jambes, et on ne touche au fusil que lorsqu'il est entièrement refroidi. Par contre, ils se servent habilement de la zagaie, qu'ils lancent à une distance de plus de soixante mètres.

Nous ne prolongerons pas davantage cette

revue des peuplades du Congo. Les tribus qui habitent le bassin du Niari ont, sauf quelques particularités sans grand intérêt, les mêmes mœurs et les mêmes coutumes que celles des bassins de l'Ogooué et du Congo.

Nos lecteurs ont pu voir d'ailleurs qu'entre toutes ces peuplades les points de ressemblance étaient nombreux. Si leur langage diffère parfois, si les coutumes et les usages varient souvent de tribu à tribu, les mœurs sont sensiblement les mêmes, et le fétichisme grossier qui leur tient lieu de religion se retrouve chez toutes avec son cortège de superstitions, de pratiques bizarres et de traditions étranges. En effet, tous ces noirs sont fétichistes. Tout est dieu à leurs yeux. Leurs fétiches sont partout : dans les fleuves et dans les montagnes, dans les lacs et dans les bois. La satire de Juvénal sur les divinités égyptiennes trouverait là-bas son application. Ils adorent le crocodile et le léopard, l'hippopotame et le boa. Le boa est surtout en honneur au Dahomey; à Loango, l'hippopotame fait prime. Ils croient volontiers assez à la métempsycose, s'imaginant qu'ils descendent des requins, et pensant qu'ils deviendront papillons, oiseaux ou singes. Chez les Okandas surtout cette croyance est très répandue. Ils ont le culte des morts, et croient que ceux-ci les protègent et les inspirent. Mais les notions qu'ils ont sur la vie future, l'autre monde, sont des plus grossières. Leurs ancêtres, à ce qu'ils imaginent, continuent dans l'autre monde la vie qu'ils ont menée dans celui-ci; ils ont les mêmes désirs, les mêmes besoins, les mêmes plaisirs. Le fait d'exhumer un cadavre et de prendre son crâne est puni de mort. Aussi les Okandas jettent-ils leurs morts à la rivière pour que les Adoumas ne viennent pas déterrer leurs crânes et en faire des fétiches. Cette croyance aux ancêtres exerce son influence sur les actes de la vie publique. Avant d'entreprendre une expédition, de faire la paix, on consulte les mânes des guerriers morts. Les prêtres répondent en leur nom.

Outre les fétiches qui, comme les léopards ou les hippopotames, appartiennent, si l'on peut s'exprimer ainsi, à l'ordre naturel, ils ont des idoles, des divinités spéciales.

M. Du Chaillu put visiter les cabanes où l'on gardait les idoles du pays. Ce sont de grossières sculptures en bois, peintes en rouge, en noir ou en blanc, et ornées de dents.

Les idoles de la tribu que visita M. du Chaillu

avaient des appellations et des attributions spéciales. C'étaient Pangeo et sa femme, qui étaient

Un roi nègre au Congo.

chargés de protéger le roi et son peuple; Numba, un dieu célibataire qui avait à peu près les attributions de Mercure ou de Neptune; Malambi, dieu sans pouvoir, et sa femme Abiala, armée d'un pistolet et prête à tuer celui qui lui déplairait. Chaque tribu a aussi ses superstitions particulières. Les Gallois croient que celui qui assiste à l'égorgement d'un criminel et qui se frotte la tête avec son sang est préservé pour toujours des parasites. Les Pahouins croient aux amulettes. Les Camas, du Fernand-Vaz, se couvrent de gris-gris et de fétiches quand ils marchent à l'ennemi.

Le nègre ne connaît que trois autorités : le roi, le devin et la coutume. Le pouvoir domestique des rois ou chefs de l'ouest de l'Afrique est tempéré par les palabres, qui tiennent une grande place dans la vie des noirs. Une discussion, un vol, un enlèvement de femme, une rixe sont des prétextes suffisants pour un palabre; chez ces tribus, qui ne possèdent aucune loi écrite, qui n'ont aucune idée de ce que nous, Européens, nous appelons une constitution, toutes les grandes affaires, toutes les discussions entre peuplades voisines, et souvent même entre particuliers sont nécessairement portés devant une assemblée [1].

[1] E. Genin, *les Expéditions de Brazza*.

La royauté n'est pas toujours héréditaire chez les peuplades de l'Afrique occidentale; elle est même le plus souvent élective et conférée par les *onéros* ou anciens, et par les principaux chefs. A Glass, village voisin de Libreville, le roi est élu par les vieillards; leur choix n'est communiqué à la foule que le septième jour. D'ordinaire c'est le sorcier, le docteur de la tribu, qui désigne aux suffrages de l'assemblée le candidat que les fétiches ont pour agréable.

L'accoutrement des rois, ainsi que le cérémonial en usage dans les cours des principicules nègres, dit M. Génin, auquel nous empruntons la plupart de ces détails, diffère de tribu à tribu. A Goumbi, village situé sur le Rembo, le roi est un personnage d'une contenance grave et sévère; il est grand, maigre et porte noblement ses cheveux blancs.

Édibé, roi des Okotas, est petit et difforme. C'est l'être le plus disgracieux de tout son peuple, qui pourtant n'est pas beau. Il est d'ordinaire drapé dans une capote grise et coiffé d'un chapeau à haute forme. Le roi des Bakalais est un affreux ivrogne; N'Combé, chef des Gallois, n'est qu'un vulgaire marchand d'esclaves que son affreux commerce a enrichi. Boia, roi des Okandas, porte pour attribut de sa dignité le casque de pompier donné par MM. Marche et de Compiègne à son oncle Avélé. Le roi Mangué est coiffé d'un bonnet de coton surmonté d'un chapeau à haute forme, inséparable ornement des roitelets du fleuve. Le souverain de Banane porte une barrette brodée de griffes de panthère et de caïman.

Il ne faudrait pas s'abuser sur l'autorité de la plupart de ces principicules; elle est assez restreinte. Il est rare d'ailleurs qu'elle soit salutaire.

Les *ógas* ont tous les vices de leurs sujets, et la prérogative à laquelle ils paraissent attacher le plus d'importance est celle qui est de nature à satisfaire davantage leur cupidité.

Les rois Georges et les rois Denis sont rares, et Makoko n'a pas beaucoup d'imitateurs.

Nous ignorons si les efforts des missionnaires, qui vont sacrifier leur santé et souvent leur vie dans ces épouvantables climats, parviendront à relever les mœurs de ces peuples.

La somme de dévouement et d'énergie déployée chez les Gabonais par les pères du Saint-Esprit, ces héroïques serviteurs de l'idée religieuse et française, est-elle en rapport avec les résultats obtenus? Nous ne le pensons pas.

Il est vrai qu'il y a beaucoup plus à attendre des Fans, des Osyebas et des peuplades du Congo que des Gabonais, qui sont certainement les plus corrompus et les plus paresseux des nègres.

CHAPITRE V.

GÉOLOGIE — FAUNE — FLORE

Mines. — Cuivre, plomb, fer, étain, argent. — La faune. — Les mammifères : le gorille et le chimpanzé. — Le singe de M. Duchaillu. — L'éléphant ; façon dont les Fans les chassent. — L'hippopotame ; le niaré ; les reptiles ; les insectes : les fourmis bashikanais, les termites ; les oiseaux : l'indicateur, les perroquets, le calao, les autruches ; les poissons. — La flore : essences forestières, plantes médicamenteuses ; les palmiers : l'*élais guineensis* ou palmier à huile ; ressources multiples qu'il offre à l'agriculture et à l'industrie ; façon dont les Adoumas le cultivent ; la fabrication de l'huile ; la gomme copal, le caoutchouc, la canne à sucre, les arachides. — Quelles sont les plantations qui contribueraient le plus à assainir le Gabon ? — Projet de M. Ch. Rivière : l'eucalyptus et ses effets, le bambou.

Notre nouvelle colonie est très riche en produits minéraux. Au cours de sa conférence de juin 1882, M. de Brazza signalait les mines de cuivre de la vallée du N'Douro, rivière qui se jette dans le Niari, et les mines de cuivre et de plomb des montagnes qui s'étendent de la rivière Louala à Mdambi-Mbongo.

Le minerai de fer se trouve partout ; les indigènes, qui le traitent par la méthode catalane, fabriquent avec le fer la plupart de leurs armes, et un certain nombre d'objets d'un usage domestique. Le cuivre leur sert surtout à confectionner des bracelets et des colliers; on exporte déjà ce métal des mines du Mboko-Songho, près de la Louduna.

On trouve également l'argent dans les mêmes régions où le cuivre se rencontre en si grande quantité : dans le bassin du Niari, et dans certaines parties de la zone des terrasses.

L'étain est assez abondant, ainsi que le plomb.

La faune est particulièrement intéressante au Gabon et au Congo. C'est la contrée de l'éléphant et du gorille, de l'hippopotame, du buffle sauvage, de la panthère, du léopard; parmi les reptiles, le caïman et le boa python, la vipère à corne et le serpent des palmiers sont les plus redoutables.

Le Gabon et le Congo présentent les variétés d'insectes les plus désagréables que l'on puisse imaginer : cancrelats, centripèdes, taupins, punaises des bois, fourmis de toutes sortes, termites, s'y multiplient par myriades. Quant aux oiseaux, un volume serait insuffisant pour énumérer les principales espèces que l'on y rencontre.

Nous passerons rapidement en revue les échantillons les plus remarquables de cette faune si riche et si diverse.

Chimpanzé.

De tous les animaux sauvages et de tous les singes, le gorille est celui qui a le plus occupé l'attention. M. Duchaillu en a fait un être beaucoup plus effrayant qu'il ne l'est en réalité. D'après lui, les gorilles mâles seraient, avec les lions de l'Atlas, les bêtes les plus puissantes et les plus féroces de tout le continent. M. de Compiègne, qui après M. Duchaillu a chassé le gorille, est loin de partager cette opinion. Le gorille, d'après lui, n'est pas cet intermédiaire entre l'homme et la bête, ce monstre furieux qui erre sur ses deux pieds de devant dans les forêts dont il est le roi et dont il a chassé le lion; c'est tout bonnement un énorme singe. Si, comme le papion, le cynocéphale et bien d'autres, il se tient de préférence à terre, il n'en grimpe pas moins assez souvent aux arbres à la manière des autres singes. Il voyage toujours à quatre pattes, et n'attaque l'homme et ne se redresse contre lui que dans le cas où il est brusquement surpris et lorsque la retraite lui semble coupée.

Le gorille atteint une hauteur moyenne d'un mètre quatre-vingts centimètres. Sa puissance musculaire est prodigieuse. On le trouve principalement dans la contrée qui s'étend à quelques degrés au sud de l'équateur et que traversent les rivières Danger et Gabon. Il est très nomade; il est rare qu'il reste plusieurs jours de suite sur le même terrain. Les fruits, les graines, les noix sont sa nourriture ordinaire. Exclusivement frugivore et doué d'un formidable appétit, il émigre lorsque les régions qu'il a parcourues sont devenues infertiles par suite d'un changement de saison.

Il est à peu près impossible de l'apprivoiser.

Les gorilles adultes sont absolument indomptables ; les petits gorilles surtout, lorsqu'on les enchaîne ou qu'on les enferme dans des cages, deviennent encore plus farouches, et il arrive fréquemment qu'ils se laissent mourir de faim.

C'est M. le Dr Savage, dans une lettre datée de Rivière-Gabon, qui nous a donné le premier renseignement authentique sur le gorille. MM. Savage, Jeffries, Wyrnan et Owen ont publié les premières dissertations scientifiques sur le nouveau singe, et leurs travaux ont établi la distinction entre le gorille et le chimpanzé.

Le chimpanzé habite les mêmes régions que le gorille. Sa taille est moins élevée, sa force musculaire est moins grande; il est aussi moins farouche et susceptible d'être apprivoisé.

Suivant M. Duchaillu, il y aurait, outre le chimpanzé ordinaire, une autre espèce appelée par les nègres *nshiego-mbouvé* qui se distinguerait par l'absence de poils sur la tête, d'où le nom de *chimpanzé-chauve* que lui a donné M. Duchaillu. Cet explorateur était parvenu à s'emparer d'un jeune *nshiego-mbouvé* qu'il apprivoisa très vite. Le petit chimpanzé devint tout de suite très familier; il suivait son maître comme un chien, et trouvait un plaisir extrême à être caressé. Par exemple il n'était pas d'une absolue honnêteté. Il volait tout le monde, même son maître, et déployait dans ses opérations la plus grande habileté.

Il avait remarqué que le moment le plus favorable pour ses larcins était le matin; il se glissait tout doucement dans la chambre de son maître, allait jusqu'à son lit pour s'assurer qu'il avait les yeux fermés, et, quand il était satisfait de l'examen, il dérobait quelques bananes. Si M. Duchaillu s'avisait de faire un mouvement, il disparaissait immédiatement, mais avait soin de recommencer quelques instants après.

« Si je rouvrais les yeux, dit M. Duchaillu, pendant qu'il était en train de commettre son méfait, il prenait tout de suite un air honnête et venait me caresser, mais je discernais bien les regards furtifs qu'il jetait du côté des bananes.

« Ma cabane n'avait pas de porte, mais elle était fermée par une natte. Rien de plus comique que de voir *Tomy* soulever tout doucement un coin de la natte pour regarder si j'étais endormi.

Chasse à l'éléphant (Congo).

Quelquefois je faisais semblant de dormir, puis je remuais juste au moment où il s'emparait des objets de sa convoitise. Alors il laissait tout tomber et se sauvait dans le plus grand trouble.

« A l'approche de la saison sèche, la température s'était refroidie, Tomy commença à désirer de la société pendant son sommeil, afin de se tenir plus chaudement. Les nègres ne voulaient pas de lui pour compagnon de lit, parce qu'il leur ressemblait trop; je ne voulais pas non plus lui donner place près de moi, de sorte que le pauvre Tomy, repoussé partout, se trouvait très malheureux. Mais je découvris bientôt qu'il guettait le moment où tout le monde était endormi pour se glisser furtivement près de quelqu'un de ses amis nègres; il dormait là sans bouger jusqu'au point du jour, puis il décampait d'ordinaire avant qu'on l'eût découvert. Plusieurs fois il fut surpris sur le fait et battu; mais il recommençait toujours. »

A la différence des gorilles, le chimpanzé est essentiellement grimpeur. Il passe tout son temps sur les arbres à la recherche des fruits et des baies dont il se nourrit.

L'éléphant d'Afrique se distingue de celui de l'Asie par la forme de sa tête, plus arrondie et moins large en dessus. Son front n'a pas la double bosse latérale que l'on trouve chez l'éléphant des Indes, et ses oreilles sont plus grandes. Il est assez difficile de le rencontrer, car il se tient d'ordinaire au milieu de fourrés très épais, ou dans des marais d'un abord assez malaisé. Les Fans et toutes les tribus de leur race le chassent d'une façon désastreuse. Une vingtaine de chasseurs s'acharnent après le troupeau qui a été signalé. Ils le suivent nuit et jour jusqu'à ce qu'une occasion favorable se présente de commencer l'attaque. Elle se produit généralement quand les éléphants ont pénétré dans un coin de forêt qu'il est aisé d'entourer, et dans lequel l'eau fait défaut. C'est ce moment que les chasseurs choisissent pour cerner l'enceinte et faire un vacarme effrayant. Ce tapage épouvante les éléphants qui demeurent au milieu du bouquet de bois dans lequel ils se sont réfugiés. Les chasseurs font alors savoir à la tribu que les éléphants sont cernés. Hommes, femmes, enfants accourent par centaines, abattent les arbres, accumulent les obstacles autour des éléphants; dans l'impossibilité de franchir cette redoutable palissade, épuisés par la soif, les éléphants sont désormais à la merci de la tribu. Celle-ci, après avoir célébré une grande cérémonie en l'honneur des fétiches, fait passer dans l'enceinte des pirogues remplies d'eau empoisonnée. Le lendemain, les éléphants, à moitié morts, sont achevés par la tribu, qui se partage les cadavres. On comprend dans quelle désastreuse proportion cette façon de chasser, propre aux Pahouins, doit dépeupler les forêts. On peut croire que, dans quelques années, le commerce de l'ivoire sera nul au Gabon.

On peut encore ranger parmi les animaux qui tendent à disparaître l'hippopotame. La chasse que les indigènes lui font est assez active, et cependant l'ivoire de ses défenses est loin d'avoir la valeur de celui de l'éléphant.

Les panthères ont également diminué dans une proportion considérable.

Le Gabon possède une espèce de sanglier devenue très rare : c'est le sanglier à front blanc, dont les oreilles assez grandes sont terminées par une petite touffe de poils et les yeux entourés de longues soies.

Le *niaré,* buffle sauvage, que les indigènes aiment beaucoup à chasser, est un animal dont la capture présente habituellement un certain danger. On rencontre généralement les niarés par troupeaux assez nombreux. Attaqués, il **arrive** fréquemment qu'ils se précipitent avec fureur sur leurs agresseurs. Les rôles sont alors intervertis : c'est le gibier qui poursuit le chasseur.

Les espèces d'antilopes sont très nombreuses. La girafe se trouve dans le bas Congo. Sa peau sert à faire des courroies, des vases et des outres pour conserver l'eau. Quant aux bêtes de somme, elles brillent par leur absence [1].

Le crocodile peuple les fleuves et les grandes rivières. Le nombre de ces reptiles est prodigieux dans ces contrées équatoriales. Les serpents sont très dangereux pour la plupart. L'*eschyda gabonica,* la redoutable vipère à cornes, fait une piqûre mortelle; le serpent mocassin n'est pas moins dangereux; le boa python n'est redoutable que par sa taille.

Les indigènes sont très friands de la chair de la plupart de ces reptiles. Elle constitue pour eux un véritable régal, un *extra*.

---

[1] M. le Dr Ballay et le capitaine Rouvier ont transporté du Sénégal au Congo une douzaine d'ânes pour essayer de les acclimater. L'essai a parfaitement réussi; ils ont résisté admirablement au climat.

Le cabri, le mouton, le chien et le porc sont, avec la poule et le canard, les seuls animaux domestiques de notre nouvelle colonie.

Le Gabon et le Congo sont également très riches en insectes nuisibles et désagréables : les cancrelats, les centripèdes, dont la morsure donne la fièvre; les mille-pattes énormes, les

Vipère à cornes.

taupins, les punaises des bois s'y trouvent par myriades. Les moustiques y sont plus incommodes que partout ailleurs; le *fourou*, un petit moucheron féroce, plus petit que le moustique, est plus à craindre par cela même, car aucune moustiquaire ne peut vous en préserver. On le rencontre par nuées. Les espèces de fourmis sont assez nombreuses. M. Duchaillu en compte dix bien distinctes; l'une des plus caractéristiques est celle des bashikanais, fourmi très grosse et très vorace.

« Je ne crois pas, dit M. Duchaillu, qu'elles se construisent un nid ni aucune sorte de demeure. Jamais elles n'emportent rien; elles mangent tout sur place. Leur habitude est de marcher à travers les forêts sur une longue file régulière; cette ligne mouvante, qui se présente sur deux pouces de large, a souvent plusieurs milles de long. Sur les flancs de cette file sont les fourmis les plus grosses, qui se comportent comme des officiers, se tenant hors des rangs, et maintenant le bon ordre dans cette singulière armée. Si elles arrivent à un endroit où il n'y a pas d'arbres pour les abriter contre le soleil, dont l'ardeur leur est insupportable, elles creusent tout de suite un chemin souterrain par où l'armée tout entière passe en colonne et va rejoindre la forêt. Les terriers sont percés à quatre ou cinq pieds sous terre; elles ne s'en servent que pendant la chaleur du jour ou lorsqu'il survient quelque orage. Sont-elles affamées, la longue file change tout à coup son ordre, fait une conversion de front absolument comme un bataillon, et se déploie dans la forêt en une large masse, qui attaque et dévore tout ce qu'elle rencontre avec un acharnement furieux auquel

Nids de fourmis termites.

rien ne peut résister. L'éléphant et le gorille fuient eux-mêmes devant cette morsure redoutable. Les noirs se sauvent à toutes jambes, car il y va de la vie de rester en place. Tout animal qui se trouve sur leur passage est pourchassé à outrance. »

La fourmi rousse des feuilles, qui fait son nid à l'extrémité des branches, où elle colle les feuilles l'une à l'autre par leurs bords ou les roule en forme de cornet, est la plus désagréable de toutes.

Une autre fourmi rousse, plus petite, est appelée ntchougou par les Pahouins, qui la mangent bouillie.

Il y a au Gabon une très grande variété de termites; la plupart sont d'un blanc jaunâtre. Elles construisent leurs nids d'une façon extrêmement ingénieuse; les unes les bâtissent sur les branches des grands arbres, les autres les élèvent sur le sol. Ces petites constructions sont très solides, divisées en cellules et fort bien disposées. Les plus grands ennemis des termites sont les fourmis bashikanais. Termites et bashikanais se livrent des combats homériques. Les oiseaux sont aussi, en général, très avides de termites. Nous ne saurions, du reste, leur souhaiter assez d'ennemis.

« Si toutes les espèces ensemble ne travaillaient pas à les détruire, a dit Michelet en parlant de leur femelle, cette mère vraiment prodigieuse les ferait maîtres du monde, et, que dis-je! ses seuls habitants. Les poissons resteraient seuls, mais les insectes eux-mêmes périraient. Il suffit de rappeler que la mère abeille ne fait pas en un an ce que la mère termite peut faire en un jour. »

La rapidité incroyable avec laquelle les termites se multiplient paraît atteindre les plus extrêmes proportions avec les termites belliqueux, la plus grande des espèces observées. M. Smeathan croit que la ponte phénoménale de la reine de ces termites dure toute l'année. Or on sait qu'elle peut pondre plus de quatre-vingt mille œufs par jour.

Ces névroptères, qui sont de redoutables destructeurs, ont été appelés par Linné le plus grand fléau des Indes. Les termites d'Afrique ne le cèdent en rien à ceux d'Asie. M. Duchaillu prétend qu'un des plus grands bienfaits dont on pourrait doter le Gabon serait de le débarrasser de ce fléau. Ce n'est pas seulement au Gabon, mais au Congo et dans l'Afrique australe que les termites exercent leurs ravages.

Près de l'équateur, les indigènes bâtissent leurs cases sur pilotis, adoptant ainsi la seule mesure qui puisse empêcher les termites de les miner.

L'un des insectes qui ont certainement rendu

plus difficile encore l'exploration de l'Afrique centrale, c'est la mouche *tsetsé;* cette mouche brune, rayée de jaune, aux ailes plus longues que le corps, aux pattes légèrement velues, s'at-

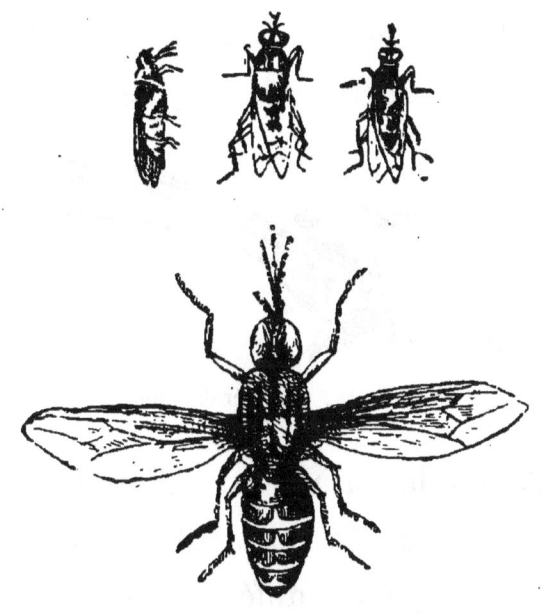

La mouche tsetsé,
au double de la grandeur et de grandeur naturelle.

taque à tous les animaux domestiques. Ses piqûres sont sans danger pour l'homme et pour l'âne, le mulet, la chèvre, le porc et les animaux sauvages, mais sont mortelles pour le cheval, le mouton, le chien et le bœuf. C'est surtout au Zambèze que la tsetsé abonde. Elle aime les marécages, les buissons et les roseaux. Liwingstone raconte qu'en traversant ces régions il perdit quarante-trois bœufs magnifiques qui avaient été piqués par la tsetsé.

« Mes enfants, écrit Liwingstone, étaient souvent piqués par cette mouche; ils n'en éprouvaient aucun mal, et nous étions entourés d'antilopes, de buffles, de zèbres, de cochons qui paissaient impunément au milieu des tsetsés,

Tête de l'insecte, considérablement grossie.

bien qu'entre la nature du cheval et du zèbre, du bœuf et du buffle, du mouton et de l'antilope il y ait trop peu de différence pour qu'il soit possible d'expliquer ce phénomène d'une manière satisfaisante. »

Si les buffles échappent à la piqûre de la tsetsé, en revanche ils sont harcelés par toutes sortes d'insectes parasites, comme les tiques ou poux de bois. Heureusement pour les buffles que ces parasites ont des ennemis acharnés dans deux ou trois oiseaux qui suivent sans cesse les troupeaux de buffles : les pique-bœufs et les aigrettes.

Il faudrait un volume pour énumérer les principales espèces d'oiseaux que l'on rencontre au Congo et au Gabon.

L'ibis rouge, le pélican roux, l'anhinga noir de Levaillant au cou de serpent, le couroucou, le barbu, l'indicateur, comptent parmi les plus curieux. Le nom de ce dernier vient du stratagème qu'il emploie pour se procurer sa nourriture. Il est très friand de nymphes d'abeilles. « Lorsque l'un d'eux, dit Figuier, a découvert une ruche, il s'efforce d'attirer l'attention de la première personne qu'il rencontre par ses cris fréquemment répétés. Puis il la précède en volant, et la conduit ainsi quelquefois à de fort grandes distances jusqu'à l'emplacement de la ruche, qu'il prend soin de lui indiquer par tous les moyens dont il dispose. Pendant qu'on s'empare du miel, il reste aux alentours, observant ce qui se passe, et, quand le travail est terminé, il vient recueillir le fruit de ses peines. Il s'émeut fort peu du bourdonnement des abeilles qui voltigent autour de lui en cherchant à le piquer, car sa peau est à l'épreuve de l'aiguillon. Pourtant ces insectes l'attaquent souvent aux yeux et parviennent à l'aveugler quelquefois. Le malheureux, incapable de se diriger, périt alors devant les lieux témoins de son triomphe. »

Un des plus beaux oiseaux du Gabon et du Congo est le touraco, aux ailes rouge pourpre, à la queue d'un noir métallique, tandis que le reste du plumage est d'un vert éclatant. Il est fort difficile de le tirer. Très méfiant, il fuit dès qu'il se croit poursuivi; il faut le chasser comme nous chassons en France le ramier et le coq de bruyère.

Le perroquet gris à queue rouge du Gabon est de tous les perroquets celui qui apprend le mieux à parler. « Chose singulière, dit le marquis de Compiègne, les perroquets gris du Calabar et du Congo, qui, à part une teinte un tout petit peu plus foncée de plumage, leur ressemblent identiquement, sont rebelles à tout enseignement. »

Les souis-mangas sont les oiseaux-mouches de l'Afrique. Ils ont un plumage très brillant; leur corps minuscule est très gracieux. Comme le colibris, ils vont chercher leur nourriture dans la corolle des fleurs.

Un oiseau extrêmement curieux, c'est le calao, au bec énorme et dentelé. Il est omnivore, et, quoique se nourrissant surtout de fruits et de graines, il mange aussi la chair des animaux, vivants ou morts.

Les autruches sont assez nombreuses dans le bas Congo. Il y a deux ans, durant le mois d'août, M. T.-H. Johnston, qui fit sur les rives du Congo un voyage scientifique, se nourrissait presque entièrement, ainsi que son escorte, avec les œufs d'autruches que les indigènes lui vendaient à vil prix.

Chaque femelle pond de quinze à trente œufs; chaque œuf équivaut à vingt-cinq œufs de poule; deux personnes peuvent déjeuner largement avec un seul. Les nègres se servent fréquemment de l'autruche comme monture. Elle dépasse en célérité les coursiers les plus rapides. Livingstone prétend qu'on ne voit pas plus les jambes de l'autruche qui court à toute vitesse qu'on ne voit les rayons d'une roue de voiture entraînée par un galop rapide. Suivant lui, l'autruche peut faire quarante-trois kilomètres à l'heure. Prises jeunes, les autruches s'apprivoisent en fort peu de temps. Dans le Sennaar, on les élève comme nous élevons la volaille.

Les dépouilles de l'autruche sont l'objet d'un grand commerce; ce n'est pas seulement pour leur chair, leur graisse et leurs œufs que l'on chasse ces oiseaux; les plumes que chacun d'eux fournit en abondance se vendent assez cher. Elles sont utilisées pour la confection d'éventails et pour divers objets de toilette. Chaque autruche peut fournir deux cent cinquante grammes de plumes blanches et un kilogramme et demi de plumes noires. L'on préfère d'ordinaire les plumes des mâles à celles des femelles. Au Cap, la livre de plumes d'autruche vaut trente livres sterling (650 francs). Les Anglais, très pratiques, ont créé dans cette colonie de véritables fermes d'autruches; ils regardent l'élevage de l'autruche comme aussi rémunérateur que celui du mouton mérinos. Il est vrai que la plume de l'autruche domestique perd 30 p. 100 de sa valeur quand on la compare à la plume de l'autruche sauvage.

Le poisson de mer est, pour les indigènes, une ressource très précieuse. Quand ils le voudront, il sera pour eux une importante source de revenus : il leur serait facile, en effet, d'en faire des salaisons qu'ils expédieraient dans l'intérieur.

D'après les renseignements de M. Jacques de Brazza, l'Ogooué, l'Alima et le Congo sont très poissonneux et renferment une quantité d'espèces différentes des nôtres.

Au point de vue géologique, notre nouvelle colonie peut, ainsi que l'indique M. Dutreuil de

Rhins, se diviser en trois zones : les terres basses et argileuses reposant sur des bancs de grès, les terrasses d'une nature schisteuse et granitique, les plateaux calcaires limitant le plateau central africain. La flore présente quelques nuances en rapport avec les grandes divisions. Notre cadre est trop étroit pour que nous puissions passer en revue la flore du Congo et du Gabon en suivant les divisions rationnelles et scientifiques. Nous nous contenterons d'indiquer les végétaux, dont la culture est la plus utile et la plus rémunératrice.

Dans ces pays de forêts, les essences précieuses, les arbres, donnant le bois dit d'ameublement, abondent. M. Dutreuil de Rhins avait remarqué, au Gabon et dans le bassin de l'Ogooué, une soixantaine d'essences propres à tous les besoins, pour la construction des pirogues, des habitations, l'ameublement, ustensiles et instruments de tous genres. L'*ogoula*, l'*oba*, le *ntenga*, le *réré*, l'*olondo*, le *ouala*, bons pour les constructions; le bambou, qui n'est ni assez cultivé ni assez répandu; l'ébène, le *chango*, l'*assani*, fournissent d'excellents bois d'ameublement.

On emploie l'*ocoumé*, l'*elenghé*, l'*abogha* à la

construction des embarcations. Le santal rouge ou *yigo* et le *copal*, qui fournit la gomme, abondent dans la zone maritime.

Le bananier croît en abondance, ainsi que le manguier, dont une espèce fournit l'amande *vidica*, très recherchée par les noirs. Le cocotier est assez rare dans l'intérieur.

Le Gabon et le Congo sont riches en plantes médicamenteuses ou toniques : on y rencontre la *physostygma venenosum*, qui produit la *fève du Calabar;* le *cassia alata*, qui sert à guérir les eczémas; l'*atchimé*, etc.

Mais ce sont surtout les espèces oléagineuses qui abondent. Parmi les palmiers à huile qui croissent dans notre nouvelle colonie, l'*elais guineensis jacq* est celui qui fournit à l'agriculture et à l'industrie le plus de ressources. C'est lui qui produit l'huile dite de palme pour la fabrication des savons. Ses feuilles étroites et allongées contiennent des filaments de couleur jaune clair de soixante-dix à quatre-vingt-dix centimètres de long, susceptibles d'une grande finesse et d'une grande force. Pour retirer la filasse, on ne récolte que les feuilles des jeunes arbres, qu'on enlève le plus près possible du tronc avec leurs pétioles. « On a remarqué, en effet, dit

M. Alfred Renouard, qu'après sept ou huit ans ces feuilles deviennent sèches et dures et ne peuvent plus servir. La récolte peut avoir lieu trois fois dans l'année, car, quatre mois après la cueillette, un nouveau feuillage a remplacé sur chaque individu celui qu'on a fait disparaître. »

On compte en moyenne qu'un palmier, auquel on demande trois récoltes par an, reste en plein rapport pendant sept années consécutives.

Après la récolte des feuilles, les indigènes les pilent dans des mortiers et les font ensuite bouillir; d'autres les font rouir comme nous faisons pour le lin.

Pour extraire l'huile de palme on emploie le chauffage ou la macération. Très riche en stéarine, cette huile est foncièrement apte à la fabrication des bougies et du savon. Non seulement le palmier qui produit cette huile n'a pas besoin d'être cultivé, mais sa force de propagation est tellement considérable, qu'il en est arrivé à envahir sur certains points de grands espaces.

De toutes les peuplades du Congo, les Adoumas paraissent les plus aptes à cultiver cette grande source de revenu agricole. La façon dont ils fabriquent l'huile de palme est assez curieuse. Le P. Davezac, qui est allé fonder une station parmi eux, nous a rapporté sur ce sujet des détails intéressants.

« Lorsque la récolte est assez abondante, les Adoumas, dit-il, la transportent à l'huilerie. C'est une petite cabane ouverte à tous les vents et revêtue seulement d'un toit en herbes qui préserve le travailleur contre le soleil et la pluie. Dans le sol de cette case on a creusé deux ou trois grands trous circulaires. On y a pratiqué également deux ou trois foyers surmontés d'immenses marmites en terre cuite. Le grand jour est arrivé. Le feu s'allume, et les marmites sont remplies de graines de palme. Lorsque ces graines sont cuites, on les remet dans des paniers entourés de feuilles de bananier pour empêcher l'évaporation. Une journée est consacrée à ce travail. Le lendemain, de grand matin, on va cueillir le *malouki,* tomate amère, et l'on se rend à l'huilerie. Les amis sont invités; le travail se fait gaiement. Les fosses sont remplies aux trois quarts d'eau tiède dans laquelle on verse un panier de fruits. Puis une des femmes du pays, sans tirer ses souliers, puisqu'elle n'en a point, sans même laver ses pieds, entre dans le bouillon. Elle piétine en cadence ces graines qui roulent sous ses talons, jusqu'à ce que l'huile vienne à surnager. Est-elle fatiguée, son amie la remplace, et l'ouvrage va vite et gaiement. Qu'on ne se figure pas que la facilité d'élocution soit seulement le partage de la femme civilisée. Ici, comme partout, c'est un feu roulant de contes, de bons mots, d'histoires plus ou moins véridiques.

« On voit bientôt dans ces espèces de cuves un liquide grisâtre et boueux, surmonté d'une huile jaune et point du tout parfumée. L'Européen ne peut se figurer qu'elle servira aux usages culinaires. Cependant cette huile est recueillie dans des marmites que l'on met sur le feu. On active la flamme, et bientôt une écume abondante vient surnager au-dessus du liquide; on l'enlève avec précaution, et lorsqu'il ne s'en forme plus la cuisson est terminée. Alors on sort la marmite du feu, et des herbes amères cuites sous la cendre sont apportées. On les arrose d'huile encore chaude, et tous les assistants, s'asseyant au bord de l'eau, dévorent ces plantes avec autant d'entrain que les femmes en ont mis à presser les graines ou à dire des bons mots [1]. »

[1] Nous n'avons pas parlé de la façon dont on récolte les fruits du palmier. Ces grands arbres ont douze et même parfois vingt

La culture du palmier à l'huile va sans cesse en s'améliorant chez cette peuplade et chez celles du haut Congo. Son rendement annuel, d'après les notices coloniales officielles, atteint actuellement 7 millions de kilogrammes dans les parties exploitées de l'ouest africain. Malheureusement le Gabon ne prend qu'une part assez minime au commerce de ce produit, qui fait la richesse du bas Congo. L'*ogáli,* — c'est ainsi que les Gabonais appellent l'huile de palme, — se trouve en très petite quantité sur l'Ogooué. En concassant le noyau dont la poulpe fournit l'huile de palme, on trouve les amandes de palmistes. On les importe en Europe à l'état naturel; la trituration et le pressage s'effectuent dans les usines européennes. L'huile obtenue à l'aide de ces amandes est utilisée pour la fabrication des savons blancs mousseux et pour la parfumerie.

Quelques-unes des plantes oléagineuses du pays ne nous sont connues que par leurs noms indigènes : le *djavé* donne une huile concrète; le *m'poga* produit une huile excellente, mais

mètres d'élévation; au sommet se trouve un bouquet de feuilles à l'aisselle desquelles sont les fruits. Grâce à une liane qu'ils passent autour de leur corps et derrière l'arbre, les noirs montent avec la rapidité du singe et font en quelques coups de hache tomber un panier de graines oléagineuses.

d'une extraction difficile à cause de la dureté du fruit qui la contient; le *noungou* renferme une graisse ferme et blanche; l'*awala* est une légumineuse dont la graisse est oléagineuse; l'*ochocco*, ou palmier à huile, donne 60 p. 100 d'une graisse fusible à +70° centigrades.

Les espèces résineuses abondent au Gabon et au Congo : on y trouve l'*okoumé* ou bois à chandelle, l'arbre à la gomme gutte, le santal, etc.

Le Congo possède la gomme la plus riche de celles que produit l'Afrique : la gomme copal. On l'extrait du sol, où elle se trouve à une profondeur moyenne d'un à trois pieds.

Le caoutchouc est la vraie richesse de ces pays. Les indigènes l'extraient, soit du *n'dambo*, soit du *ficus elastica*. Les habitants du Gabon en général et les Pahouins en particulier le récoltent fort mal; au lieu de pratiquer une incision à la liane qui le produit, ils la coupent, procédé qui est forcément destiné à restreindre d'une façon considérable la production de cette matière si importante pour notre commerce dans ces régions. On sait que le caoutchouc là-bas est obtenu par coagulation et évaporation de la partie aqueuse du suc laiteux extrait d'un végétal qui a l'apparence d'une tige vierge. Cette liane, qui est très abondante dans les bois et les forêts de l'Afrique occidentale, se rencontre particulièrement dans le haut Ogooué, où son

Ébenier (*Diospyros ebenum*).

exploitation était inconnue avant l'arrivée des blancs. Le commerce de ce produit, déjà très important, ne remonte guère à plus de quinze à vingt années. Le caoutchouc du Gabon offre cette particularité qu'il est doué d'une odeur très forte, impossible à faire disparaître complètement; il présente aussi de petites cavités contenant des substances cristallisables. Les nègres, dans le but d'en augmenter le poids, y joignent de la terre et d'autres matières étrangères.

La canne à sucre peut être pour les planteurs une source assez considérable de bénéfices. Déjà plusieurs tribus cultivent le cacao et le tabac.

M. de Brazza a rapporté des échantillons de six sortes diverses de tabac recueillies dans des régions différentes. Des expériences récentes ont prouvé qu'en mélangeant ces tabacs on pourrait obtenir des cigares d'une qualité égale à ceux de la Havane.

On a également essayé la culture du coton; mais jusqu'à ce jour les résultats sont restés incertains. La saison des pluies survient, en effet, trop tôt pour que la maturité soit parvenue à son terme, et le coton, saisi par l'humidité, est fréquemment exposé à se corrompre.

L'ébénier (*evila*) se trouve en grande quantité dans les contrées qui avoisinent l'Ogooué, sur les bords du lac Azingo et du lac Oguémouen.

On le vend par bûches de 80 à 90 centimètres de longueur.

Le commerce de l'*oïngo* ou bois rouge est loin d'être aussi actif que celui de l'ébène. Celui de la noix de *golo* tend à prendre quelque extension. Les noirs du haut Sénégal et les Achantis en font le plus grand cas. C'est chez ces peuples que les Gabonais et les habitants du haut Ogooué trouvent le débouché commercial le plus important de cette denrée.

Les arachides et le sésame sont à peu près les seuls produits indigènes qui demandent une certaine culture. Le chou, la pomme de terre et le riz, récemment importés dans le bas Congo, viennent admirablement. Les principaux produits comestibles, outre la canne à sucre, sont le manioc, le plantain, la fève, la patate douce, la tomate, l'igname, le sésame, le concombre; mais ce qui forme la base de l'alimentation, c'est la banane et le manioc. C'est surtout dans les régions méridionales du Congo que ces denrées prospèrent. Le Congo est très riche en végétaux à longues fibres, qui pourraient servir à la fabrication du papier et des cordages. Les indigènes ont confectionné à l'aide de ces fibres des étoffes et des filets que M. de Brazza a rapportés en France.

Certes, les matériaux ne font pas défaut à l'industrie et au commerce, mais on aurait grand tort néanmoins de croire que le Congo puisse assurer aux colons et aux négociants assez audacieux pour aller y exposer leur santé et leur vie une fortune rapide et des bénéfices exagérés.

On trouve au Gabon un grand nombre de plantes toxiques et médicamenteuses, entre autres le *physostigma venenosum,* que nous avons déjà signalé ; le *m'boundou,* employé par les Pahouins comme l'*inée;* puis l'ibôga, la noix de kota ou gourou, etc., très recherchés des indigènes.

M. Charles Rivière a présenté à la Société d'acclimatation un programme des plantations qu'il serait utile de faire pour assainir le Gabon.

Il s'agit de diminuer autant que possible l'*impaludisme* et de combattre ses effets; de tous les végétaux propres à remplir ce rôle, le plus précieux est assurément l'eucalyptus.

« Cet arbre, dit le Dr Bordier dans son beau livre *la Colonisation scientifique,* agit de plusieurs façons contre la malaria. La principale est peut-être la faculté qu'il possède d'absorber par ses racines des quantités considérables d'eau, qu'il élimine ensuite par ses feuilles. Quelques expériences dues à M. Trottier donnent une idée exacte de l'intensité de cette absorption d'eau : une branche d'eucalyptus du poids de 800 grammes, plongée pendant une journée, par une température de $+43°$, dans un vase rempli d'eau, avait absorbé 2 600 grammes de liquide. Pendant le même temps, la même quantité d'eau, dans un vase identique, avait perdu par la seule évaporation 208 grammes; la branche avait donc absorbé 2 392 grammes. Or elle ne pesait à la fin de l'expérience que 825 grammes; elle n'avait donc emmagasiné que 25 grammes, et elle avait émis dans l'atmosphère, sous forme de vapeur, 2 366 grammes, soit plus de deux fois son poids d'eau. »

L'arbre qui nous occupe agit encore par sa hauteur, en formant un rideau qui peut mettre à l'abri du vent soufflant du marais; il agit par les vapeurs essentielles qu'il répand, vapeurs qui semblent être toxiques pour les organismes inférieurs auxquels est dû l'empoisonnement paludéen.

Le bambou, que M. Rivière conseillait avec raison de planter à outrance, paraît aussi appelé à rendre à notre nouvelle colonie des services extrêmement précieux. Comme l'eucalyptus, il absorbe énormément d'eau, et peut contribuer puissamment au desséchement des terrains. Mais, outre cette utile propriété, le bambou rendrait aux indigènes des services multiples. Il suffit, pour s'en convaincre, d'examiner la façon dont les Chinois ont mis à profit la culture de cet arbuste.

De la tige ils extraient un liquide sucré qui sert à la fabrication d'une liqueur; les jeunes pousses donnent lieu à un petit commerce qui a bien son importance. On les dessèche ou on les conserve dans la saumure ou bien en confiture. La Mandchourie et la Mongolie achètent une foule de ces conserves. Les Chinois et les Hindous mangent aussi les jeunes pousses fraîches, absolument comme nous mangeons les asperges.

Les feuilles de certains bambous servent de fourrage pour les chevaux. Avec la moelle séchée et trempée dans l'huile on s'éclaire. Il n'est pas jusqu'aux nodosités du bambou qui ne fournissent leur part de revenu; aux nœuds de certains bambous, et notamment, d'après Roxburg, sur le *melocanna bambusaides,* il se forme un dépôt de silice de chaux et de matière organique qui, sous le nom de *tabasheer,* est fort estimé en Orient.

Mais c'est surtout quand il s'agit de construire que le bambou apparaît comme l'arbre utile par excellence.

« En Chine et au Japon, dit le Dr Bordier, que ne fait-on pas avec le bambou! Charpentes, poutres, ponts, échelles, hangars, séchoirs, kiosques, conduites d'eau, vases, ustensiles divers, tout *l'article de Paris* de la Chine est fait avec le bambou; le papier de Chine est fait avec lui; les éventails, parapluies, palissades, pipes, tout est en bambou. »

Le bambou présente une croissance d'une rapidité incroyable : à Alger, le *bambusa macroculmis* a poussé de 0^m 27 en vingt-quatre heures. Sa propagation, comme on le voit, rendrait à l'industrie et à l'agriculture de notre nouvelle colonie de très grands et de très sérieux services.

CHAPITRE VI

L'AGRICULTURE ET LE COMMERCE

Les moyens de colonisation. — Le chemin de fer de Stanley. — Routes naturelles et routes artificielles. — Le commerce français et le commerce étranger au Gabon et sur l'Ogooué. — Principaux produits de notre colonie : le commerce du caoutchouc, de l'ivoire, de l'ébène, de l'huile de palme, des arachides, etc. — Les marchandises qui servent aux échanges. — La part de la France.

Notre nouvelle colonie, qui renferme d'incontestables richesses agricoles, qui est susceptible de livrer à notre industrie des produits d'une très grande valeur, sera-t-elle, au point de vue commercial, cette terre promise que des écrivains enthousiastes nous ont décrite?

Nous ne le pensons pas. Nous croyons qu'il convient de faire bien des réserves à cet endroit. Les maigres résultats que la colonie du Gabon a donnés jusqu'à ce jour ne nous permettent guère d'être optimistes. En supposant même que l'on doive beaucoup espérer de la nouvelle organisation de notre colonie, dans combien de temps le Congo donnera-t-il ce que l'on semble être en droit d'en attendre?

L'un des collaborateurs les plus intelligents et les plus intrépides de Savorgnan de Brazza, M. de Chavannes, ne disait-il pas, dans une conférence faite à Lyon le 21 février 1886 :

« De longtemps le Congo ne saurait être un pays à coloniser par l'émigration en masse; c'est un pays à exploiter en employant les indigènes sous une direction européenne, et dont on pourra tirer parti seulement dans quelques années.

« Entre les appréciations peut-être un peu trop optimistes de M. Stanley, et les autres pessimistes qui se sont produites et ne manqueront pas de se produire encore, il y a, ce me semble, un juste milieu à tenir. On ne devrait pas oublier que la contrée est neuve, à peine explorée, et qu'on ne doit porter un jugement absolu qu'avec prudence.

« A mon avis, le bassin du Congo constitue une région incontestablement fertile où toutes les cultures sont en germe, où les richesses naturelles peuvent équivaloir à celles des pays les plus féconds ; mais vouloir y lancer immédiatement des colons serait une folie. Le champ doit encore, pendant plusieurs années, appartenir aux pionniers et aux civilisateurs ; il faut, avant tout, que des voies de communication soient créées, mettant cet immense réseau navigable de l'intérieur en communication pratique, facile avec celui de la côte. »

De son côté, M. de Brazza, dans sa conférence du cirque d'Hiver, le 21 janvier 1886, émettait la même opinion :

« Ces contrées de l'Ouest africain qui constituent notre nouvelle colonie sont loin d'être toutes parfaitement étudiées, complètement organisées, et ne peuvent entrer en exploitation que le jour où des voies de communication auront relié à la mer l'immense réseau navigable de l'intérieur. Il reste donc à poursuivre notre œuvre d'étude et d'organisation, et, pour la continuer dans les meilleures conditions possibles, il suffirait d'y employer une cinquantaine d'Européens et près de deux cents noirs, soit une dépense annuelle d'environ 1 million : c'est prêter à un avenir que je crois solvable, mais il serait de toute nécessité d'établir un sérieux programme d'ensemble. Il faudrait, tout d'abord, que des crédits successifs fussent, dès aujourd'hui, assurés d'année en année. Sans un avenir ainsi garanti, un programme complet d'exploration et d'organisation ne saurait être exécuté ni même préparé. — J'ajoute que ce programme doit absolument s'inspirer des vues et des procédés que nous avons employés, seules sauvegardes de la sécurité comme d'un sage développement commercial du pays, seule garantie du maintien de nos moyens d'action et de l'économie dans nos budgets futurs.

« L'avenir du bassin du Congo, considéré d'une façon tout à fait générale, dépend en partie des voies de communication à créer. Dans les obscurités actuelles de la question, je ne sais ni où, ni quand, ni comment ces voies seront établies; mais je puis affirmer qu'elles le seront quelque jour, plus ou moins tôt, plus ou moins tard; cela dépendra plus encore des procédés que du reste. Par là je m'éloigne un peu de certaines opinions qui, trop légèrement émises, ne font pas assez la part du temps et des circonstances. Ces opinions diffèrent encore des miennes en ce sens que je considère l'Ouest africain et le bassin du Congo comme un pays dont l'avenir dépend du commerce et de la culture indigènes, non de la colonisation par l'émigration.

« Nous sommes là en face d'un problème économique et social fort ardu. Pour travailler à le résoudre, la science n'aura pas trop de toutes ses notions.

« Voilà une contrée neuve encore, où s'acclimateront individuellement quelques Européens, mais ou l'Européen en général, surtout celui du nord, se trouvera dans un milieu défavorable à son tempérament. Cependant on convient que les richesses naturelles de ce pays merveilleusement arrosé sont considérables; mais il faut les aller chercher au cœur du continent, en former de grands courants et les diriger vers la côte. »

Stanley partage également cette manière de voir. Pour lui, — de même que le Congo français, — l'État libre du Congo n'est pas encore mûr pour la colonisation.

« J'ai systématiquement évité, disait-il, tout ce qui peut ressembler à une propagande en faveur de l'émigration. On ne se rend pas en général un compte suffisamment exact de l'immense difficulté qu'il y a à pénétrer dans l'intérieur des terres, difficulté qui disparaîtra dans une large mesure quand notre chemin de fer sera établi. »

L'Ogooué n'est facilement navigable que jusqu'à N'jolé. Pour pénétrer plus aisément dans le bassin du Congo, il faudra qu'une route artificielle vienne au secours du commerce. En pirogue non chargée l'on met quarante journées pour aller de la mer à l'Alima par l'Ogooué et les plateaux, et le trajet de l'Alima au Stanley-Pool demande encore cinq jours. C'est en utilisant l'Ogooué, navigable jusqu'à N'jolé, et la plaine au nord de Lopé, que l'on pénétrerait le plus facilement dans le bassin du Congo.

Il s'agit de trouver la voie la plus courte et la plus aisée permettant d'amener, dans le moins de temps et avec le moins de frais, les produits l'intérieur à la côte. Il est facile de comprendre que sans cela les stations fondées dans des pays très riches, mais séparés de la côte par des obstacles naturels, deviennent des non-valeurs.

A cette première question une deuxième s'ajoute naturellement, logiquement. Il s'agit, en effet, de savoir si les travaux que l'on entreprendra, — travaux qui seront coûteux et difficiles, — donneraient les résultats rémunérateurs que l'on en attendrait.

Nous savons bien que beaucoup sont tentés de résoudre la question par un bel élan d'indignation. Nous n'avons pas une foi aussi robuste. Nous nous rappelons volontiers des dépenses faites en pure perte que d'aussi gros bénéfices longtemps espérés n'ont pas encore couvertes.

Si nous raisonnions pour le Congo français comme M. Stanley raisonne pour l'État libre, jamais spéculation aussi brillante, jamais affaire aussi sûre ne nous aurait été offerte.

D'après lui, les bénéfices que le chemin de fer du Congo doit fournir à ses actionnaires seront tout simplement prodigieux.

« Le combustible nécessaire à ce petit chemin de fer, dit M. Stanley, sera fourni presque gratuitement par les forêts de Boundi et de Ngoma, que la ligne ferrée traverse. Un trafic bien assuré déjà est celui qui s'opère en ce moment à Cray, entre Stanley-Pool et la côte; il ne représente pas moins de 1 300 000 francs par an, soit 5 $^1/_2$ p. 100 du capital. Ce trafic grandira. Supposons que de fortes maisons européennes établissent des comptoirs à Issanghila, à Manyanga et sur quelques antres points bien choisis du Congo supérieur; supposons encore, en raisonnant par analogie avec ce qui se passe sur le Congo inférieur, que ces comptoirs exportent, en denrées du pays, une valeur de 13 000 000 de francs, représentant un poids de 156 102 tonnes. Rien qu'en prélevant une taxe de 10 centimes par tonne et par mille anglais, on aurait un revenu annuel de 2 800 000 francs.

« L'importation des produits d'Europe destinés à l'intérieur aux besoins des fonctionnaires et des missions, donnerait sans doute un profit égal. Il n'y a donc rien d'exagéré à compter sur une recette de 5 à 6 millions de francs, ou de 20 à 25 p. 100 du capital engagé. »

On le voit, M. Stanley promet à ceux qui l'écouteront un nouvel âge d'or commercial. Il n'est pas impossible que ces belles prédictions se réalisent. Il s'agit d'attendre jusqu'en 1889. Nous nous contenterions pour notre pays de résultats infiniment moins brillants. Nous ne demanderions pas que la France fît au Congo un placement de 20 p. 100; nous nous tiendrions pour très satisfait si la colonie, au lieu de réclamer des crédits à la métropole, pouvait l'enrichir dans la modeste proportion de 3 p. 100.

Ce placement de père de famille suffirait à notre ambition, et nous nous estimerions heureux que la France ait enfin trouvé une colonie qui, loin de lui demander des ressources, lui en apportât après une période aussi courte d'organisation.

Malheureusement les tentatives faites par nos commerçants au Gabon n'ont rien d'encourageant pour l'avenir. Nous voulons croire que les expériences tentées ne sont pas absolument concluantes; puisque des maisons anglaises comme celle de MM. Hatton et Cookson, des maisons allemandes comme la maison Woerman et Cie ont trouvé le moyen de faire au Gabon des affaires considérables, il n'est pas permis de penser que le commerce français renoncera entièrement à tirer parti de cette colonie.

En attendant, nous constatons avec tristesse que toutes les affaires sont monopolisées par des maisons allemandes et anglaises. La seule maison sérieuse que la France possédât sur la côte, la maison Pilastre, du Havre, a liquidé ses marchandises et s'est décidée à abandonner le Gabon, où elle avait, depuis trente ans, des établissements. Cette maison ne pouvait réaliser aucun bénéfice.

Nous ne parlons pas des quelques commerçants français qui sont venus s'établir au Gabon pour y tenir des magasins de détail et y vendre de l'alougou ou des liqueurs. Ils n'ont aucune action sur le commerce général du pays. En admettant même qu'ils voulussent se livrer à l'exportation de l'ivoire et du caoutchouc, il leur faudrait des capitaux infiniment plus considérables que ceux dont ils peuvent disposer : ils seraient bien vite écrasés par la concurrence des maisons anglaises et allemandes [1]. Toutes celles qui sont établies là-bas sont, en effet, des maisons extrêmement riches; quelques-unes, comme la maison Woerman, de Hambourg, possèdent des petits vapeurs qui desservent leurs factoreries, et apportent à la côte les marchandises achetées dans l'intérieur. La maison Woerman et la maison anglaise Hatton et Cookson ont, en outre, de grands vapeurs qui leur apportent directement les marchandises d'Angleterre ou d'Allemagne, et remportent les produits acquis à la côte occidentale.

[1] « J'ai vu au Gabon, dit le marquis de Compiègne dans son livre l'*Afrique équatoriale* (Okandas, Bangouens, Osyebas), plusieurs de nos compatriotes qui y sont venus, attirés par des récits menteurs et des exagérations trompeuses; après des années de labeurs incessants, je les ai trouvés ayant perdu tout le petit pécule qu'ils y avaient apporté, et obligés de repartir la bourse vide et la santé ruinée pour toujours; en revanche, je défie qu'on me cite un exemple au Gabon d'un seul homme qui, arrivé avec des ressources minimes, y ait fait fortune. »

Nous devons dire que, par contre, le commerce français et les établissements fondés par nos compatriotes sont très prospères dans le bas Congo, sur la côte portugaise. Deux compagnies françaises fort importantes ont établi des factoreries à Banane et sur d'autres points du littoral. L'une d'elles a expédié en Europe dix-sept navires de 400 tonneaux, chargés de produits de tout genre, accumulés dans ses magasins pendant une période d'une année et demie. Chez nous, nous laissons les Anglais et les Hambourgeois monopoliser notre commerce, et nous trouvons le moyen de fonder des établissements prospères dans une colonie étrangère !

Il est vrai de dire aussi que cette partie de la côte occidentale d'Afrique est celle où le commerce de l'ivoire atteint le plus grand développement. L'exportation annuelle de l'ivoire, depuis le Congo jusqu'à Ambrix, d'après les calculs de M. Ch. Jeaunnest, pourrait être évaluée à 100 tonnes, soit cinq à six mille défenses de toute grandeur. Le trafic général atteint du reste, dans le bas Congo, des proportions très grandes. L'huile de palme y est l'objet d'un grand commerce, tandis qu'au Gabon elle est complètement négligée.

Les principaux objets d'exportation au Gabon et au Congo français sont le caoutchouc, l'ivoire et l'ébène. Viennent en seconde ligne : le bois rouge, la cire, la noix de *golo* ou *goorou,* la gomme, les pelleteries et les plumes. Mentionnons encore le tabac, qui pourra, dans quelques années, donner lieu à un commerce assez actif; l'huile de palme, que les indigènes du Niari-Quillou et de l'Alima, plus industrieux que les Gabonais, exporteront très certainement, et les végétaux à longue fibre qui ont, en partie, la propriété de l'alfa, et que l'on peut mettre au nombre des articles destinés à prendre une place importante dans les transactions à venir. Le caoutchouc, que les indigènes appellent *dambo,* est sans contredit l'un des principaux, peut-être le principal article d'exportation.

Nous avons fait connaître comment on le recueillait. Les nègres le pétrissent en boules qui ont à peu près la grosseur d'une orange. Ils l'échangent contre des étoffes, du tabac, des perles ou des neptunes. C'est le commerce le plus lucratif.

L'ébène abonde sur les bords de l'Ogooué, près des lacs Azingo, Ziélé et Oguemouen. Dans l'espace d'une année la maison anglaise Hatton et Cookson en fit acheter par son agent plus de cent mille bûches. Il y a quelques années on payait la bûche un prix assez faible. Les sept bûches valaient cinq francs en marchandises, c'est-à-dire en perles, guinées, barres de cuivre, etc. La maison Hatton et Cookson, pour étendre davantage son commerce, a créé une foule de petits magasins tenus par des traitants nègres, et disséminés autour des grands lacs et dans le haut Ogooué. Il y a quelques années cette maison exportait par mois vingt mille livres de caoutchouc environ.

Le commerce de l'ivoire est de tous le plus compliqué et le plus difficile. Le marquis de Compiègne, dans le second volume de son *Afrique équatoriale,* nous a donné sur ce sujet des détails très précis et très curieux, dont quelques-uns trouveront utilement leur place ici :

« Il y avait, dit-il, au moment de notre séjour au Gabon, plus de six mille livres d'ivoire appartenant, bien entendu, à une foule de propriétaires différents qui, depuis deux ans, se promenaient du Gabon à l'Ogooué, de l'Ogooué au Fernand-Vaz, et du Fernand-Vaz au Gabon, sans que les négociants aient pu les acheter : c'est que, pour réussir ces marchés d'ivoire, il faut la patience d'un pêcheur à la ligne et la rouerie d'un Indien. Quand les noirs apportent une belle défense d'ivoire à une factorerie, ils sont toujours très nombreux, cinquante ou soixante, dont quarante-cinq au moins n'ont aucun intérêt dans l'affaire; le gérant doit d'abord leur montrer tout ce que contient le magasin; une seule des marchandises qu'ils demandent manque-t-elle, toute la bande s'en va pour ne plus revenir; l'étalage est-il au complet, elle campe auprès de la factorerie pour palabrer l'affaire tout à loisir; après avoir longtemps délibéré, des *onéros* viennent annoncer le prix que demandent les propriétaires de la dent pour leur ivoire; ce prix est toujours dix fois supérieur à la valeur de l'ivoire; naturellement le gérant de la factorerie refuse; les *onéros* s'en vont alors, jurant qu'ils ne peuvent pas en rabattre d'une feuille de tabac; ils reviennent cependant le lendemain et diminuent quelque chose de leurs prétentions, et ainsi de suite pendant quinze jours; au bout de ce temps ordinairement leurs conditions ne sont pas très éloignées de celles que fait le blanc; celui-ci propose une distribution générale de rhum, et l'affaire est conclue. On procède alors au payement du paquet d'ivoire.

« L'objet principal du paquet d'ivoire est le fusil. Quatre livres d'ivoire valent généralement un fusil. Mais l'on se tromperait fort si l'on croyait en être quitte avec ses clients moyennant une de ces armes; le fusil est ici, comme nous le disions, *l'objet principal.* Il suppose avec lui une foule d'autres marchandises, dont la nomenclature effrayerait l'Européen peu au courant de la valeur des articles que l'on met à la disposition des nègres.

« Il faut compter qu'un fusil entraîne après lui deux barils de poudre, deux neptunes, huit brasses d'étoffes, quatre flacons de rhum, une bouteille de gin, une bouteille de liqueur, une bouteille de gingerwine, une tête de tabac, des perles, des couteaux, des matchettes, des barrettes de cuivre et d'airain, des morceaux de plomb, deux marmites, du sel, des assiettes, un chaudron en cuivre, un bonnet de laine rouge, un flacon d'odeur, vingt pierres à fusil, des ciseaux, des aiguilles, etc. etc.; dans l'Ogooué, un paquet d'ivoire se compose de plus de soixante articles; au Gabon, il y en a cent quarante.

« L'achat d'une défense d'ivoire serait une opération ruineuse, n'était la mauvaise qualité des articles cédés aux nègres. C'est ainsi que les fusils qui leur sont remis sont des armes fabriqués à Birmingham et d'une valeur de dix francs. Au Gabon on les vend vingt francs. Malgré les charges énormes qu'y mettent les indigènes, il est rare qu'elles éclatent; le rhum vendu aux nègres revient à moins d'un franc le litre; les couteaux valent trente centimes et se vendent deux francs; le sel vaut cinq francs le chaudron au Gabon, et il a une valeur énorme dans le haut Ogooué; les assiettes de dix centimes se vendent un franc; le bonnet de laine, qui, en France, vaudrait trente centimes, se vend deux francs; les perles, de grosses perles de verre de diverses couleurs, se vendent un franc le quart de livre. »

Néanmoins on peut dire que l'ivoire est fort cher au Gabon et dans l'Ogooué. On le paye dans l'Ogooué plus de 50 p. 100 de la valeur qu'il a en Angleterre et en France, et au Gabon plus de 75 p. 100 de cette valeur. Les prix sont bien supérieurs à ceux de l'est de l'Afrique, où l'on achète l'ivoire en le payant le quart de ce qu'il vaut en Europe.

D'après M. Stanley, la difficulté de transport est la seule raison de la cherté de l'ivoire. L'ivoire a presque disparu des régions de l'Afrique actuellement accessibles. Mais, dans les régions encore inaccessibles, il se trouve en abondance, ainsi que le caoutchouc. Les indigènes ne demandent qu'à aller chercher pour nous ces précieux produits; mais, dans les conditions

Récolte du caoutchouc.

présentes, ils auraient beau les entasser, il leur faudrait des années pour s'en défaire.

Une des premières conséquences de l'ouverture du chemin de fer serait donc la baisse sur les ivoires et le caoutchouc. Le monde, suivant M. Stanley, en *aurait pour cinquante ans au moins*.

On exporte en moyenne du Congo portugais et de l'État libre cinq cents tonnes d'ivoire par an, ce qui représente une valeur de quinze millions.

Notons que l'ivoire n'occupe que le cinquième rang au tableau des richesses indigènes. C'est le caoutchouc qui vient en première ligne. On a fait cette ingénieuse remarque que, si chaque homme adulte des rives du fleuve africain et de ses affluents recueillait seulement par jour cinquante grammes de caoutchouc dans ses forêts natales, ou cinquante grammes d'huile de palme, ou bien la même quantité de copal, bois de campêche, oseille ou autres produits, une si minime récolte passerait inaperçue dans le pays, et cependant elle représenterait tous les ans à Liverpool la valeur d'un milliard de francs en marchandises.

Le bois rouge de teinture est un des articles que les commerçants français du Gabon expédient en assez grande quantité.

La noix de golo donne lieu également à quelques transactions; mais c'est au Sénégal et dans le haut Niger qu'on l'exporte surtout. Les habitants du Soudan, de l'Ashaulé et du Foutah sénégalais la payent un prix très élevé. Une de ses propriétés est d'imprégner fortement les papilles de la langue pour rendre insensibles les saveurs désagréables.

La cire se vend par pains de deux à trois livres. C'est un commerce réservé aux Bakalais, qui du reste la ramassent très mal; ils n'y attachent pas une très grande importance et la cèdent à vil prix.

Le commerce des pelleteries est un des moins importants. Les peaux les plus exportées sont celles des singes; celle du singe noir à longs poils a une assez grande valeur. Il en est de même du commerce des plumes. Il n'a quelque développement que dans le bas Congo.

La gomme copal, la plus riche de celles que produit l'Afrique, n'est pas encore exportée comme elle devrait l'être. Lorsque le commerce de notre nouvelle colonie aura pris plus d'extension, ce produit sera, avec l'huile de palme et le caoutchouc, un de ceux dont la vente donnera le plus de bénéfices aux colons.

Nous avons déjà dit que l'huile de palme est complètement négligée sur les rives de l'Ogooué. Dans le bas Congo il n'en est pas ainsi; il est permis de penser que bientôt dans le haut et dans le bas Ogooué, et même au Gabon, le commerce de

ce produit lucratif aura l'extension qu'il mérite.
C'est, en effet, celui qui est capable d'enrichir le
plus rapidement ceux qui voudraient tenter de
faire fortune dans notre nouvelle colonie [1].

Dans les parties exploitées de l'Ouest africain, le
rendement actuel des palmiers oléagineux atteint
sept millions de kilogrammes. C'est un chiffre
qui peut être aisément quadruplé.

L'arachide, — appelée aussi pistache de terre,
— donne par trituration une huile comestible.
Cette denrée, qui, au Sénégal et dans certaines
parties du Congo, est l'objet de transactions nombreuses, n'est cultivée dans l'Afrique équatoriale que pour la consommation journalière des
indigènes.

La fane de l'arachide fait un excellent fourrage. Ce produit, du reste, est un des plus précieux de l'Afrique occidentale. On peut cultiver
arachide sur arachide sans jamais épuiser le sol.
Dans ces dernières années, l'exportation de ce
produit sur la côte occidentale d'Afrique a dépassé trente millions de kilogrammes [2].

---

[1] Plus de trois cents navires trouvent aujourd'hui, grâce à l'huile de palme, leur chargement de retour sur la côte d'Afrique.

[2] Indépendamment de l'huile comestible, l'arachide fournit

Nous avons fait connaître les principaux produits qui alimentent le commerce de notre nouvelle colonie. Il nous reste à dire quelques mots des marchandises qui, là-bas, servent à la troque et font l'office de monnaie.

Les marchandises employées aux échanges, surtout dans le bas Congo, sont en grande partie de provenance anglaise. Manchester envoie ses cotonnades, guinées ou riscades, et Birmingham ses fusils. L'Angleterre a encore le monopole des

---

au commerce des huiles de toutes qualités, utilisées comme huiles à brûler.

Le palmier à l'huile, l'*œlais Guineensis,* dont nous avons déjà parlé dans le chapitre précédent, donne aussi à ceux qui le cultivent des produits multiples. Il porte un fruit menu, qui se réunit en grappe autour d'un pédoncule central pour former un régime pesant quelquefois cinquante kilogrammes. La pulpe de cette noix fournit l'huile de palme; le noyau contient une amande qui donne la stéarine pure. Les fruits du régime varient de la grosseur d'un œuf d'oie à celle d'un œuf de pigeon. C'est le parenchyme qui contient l'huile. « Dès que ce produit a traversé les mers, l'Europe, dit l'amiral de Langle, en tire la saponine, qu'on transforme en savon, et le paraffine, qui sert à éclairer nos salons. »

Les noirs, après avoir jeté le fruit dans une grande chaudière et lui avoir fait subir une légère cuisson, le passent au pilon; puis ils le renferment dans des sacs faits d'étoffe très forte, à travers lesquels l'huile s'échappe, tandis que les noyaux et les matières ligneuses y restent prisonnières; l'huile est reçue dans des jarres; il faut la clarifier encore une fois avant de l'expédier en Europe.

neptunes. Hambourg expédie une quantité considérable d'alcool et de gin. L'Allemagne a commencé à écouler sa pacotille. Tous les rebuts de ce pays, transformé en une immense boutique à treize, trouvent un utile débouché au Congo et au Gabon. Ses articles de porcelaines et ses verroteries font, dans le bas Congo surtout, l'objet d'un trafic assez important.

Il nous serait facile de faire aux Allemands une concurrence sérieuse, et de prendre dans le commerce de notre colonie la place que nous devrions y occuper; il nous suffirait pour cela de nous résoudre à fabriquer aussi mal que les Allemands. Les fabricants français auront naturellement quelque répugnance à confectionner des produits d'une qualité aussi inférieure; mais, une fois qu'ils seront au courant des conditions de ce trafic et qu'ils seront assurés de la valeur de ses débouchés, l'habitude sera vite prise, et ils n'hésiteront plus à modifier leur outillage. Les nombreux millions que les acheteurs de pacotilles dépensent à l'étranger resteraient ainsi en France. Mais là n'est pas la seule raison de notre infériorité commerciale.

Il en est d'autres, que M. de Brazza indiquait lui-même lors de son dernier voyage en France.

Il y a quelques mois encore, aucune communication commerciale n'existait entre la métropole et le Congo français.

Deux fois par an, des transports de l'État touchaient à Libreville, le port central de la côte du Gabon; mais ces transports, ne pouvant transporter aucune marchandise privée, ne servaient à rien pour le commerce français.

Les commerçants européens, eux, n'avaient pas attendu que la colonie fût en état tout à fait prospère, et ils avaient organisé des services réguliers entre l'Europe et le Gabon.

Des paquebots partaient chaque mois de Liverpool, d'Anvers et de Hambourg pour Libreville.

Il n'en partait aucun du Havre, ni de Bordeaux, ni de Marseille. De sorte que la France était tributaire de ses rivaux anglais, belges et allemands pour expédier ses propres produits dans une colonie qu'elle avait fondée et qu'elle entretenait de son or.

Il va sans dire que les marchandises françaises, transportées à grand prix à Anvers, à Liverpool ou à Hambourg, pour être embarquées de là vers le Congo français, étaient loin d'être les plus favorisées.

Il résultait de cet état de choses que M. de Brazza, au lieu de favoriser comme il l'eût voulu la production des pays qu'il gouvernait et l'extension de leurs échanges, se trouvait momentanément obligé d'en retarder l'essor, de peur qu'il ne se créât là-bas des habitudes d'échange avec des pays autres que la France.

Cette anomalie vient heureusement de disparaître. Il existe enfin une ligne française de navigation qui relie la métropole à la colonie.

C'est la compagnie des Chargeurs réunis qui la dessert.

Ses navires partent du Havre tous les deux mois, à la date du 5, et ils font escale à Bordeaux le 10.

C'est là un progrès incontestable et auquel nous nous hâtons d'applaudir. Mais il faut espérer qu'on ne s'arrêtera pas dans cette voie, d'autant qu'il reste encore de nombreuses réformes à opérer, dont quelques-unes ne demandent qu'un peu de bonne volonté et d'activité.

L'absence de moyens de communication entre la France et le Congo était assurément l'obstacle le plus sérieux à la prospérité commerciale de notre nouvelle colonie. Mais il convient de signaler bien d'autres entraves à l'exportation que nous serions intéressés à voir disparaître, et qu'avec une inconcevable légèreté le gouverne-

1. Baobab. — 2. Palmier (*Elæis Guineensis*). — 3. Acacia verek.

ment maintient, conserve, nous serions presque tenté de dire s'efforce de maintenir.

Un explorateur qui connaît bien l'Ogooué, et qui a publié sur les difficultés rencontrées par le commerce français dans ces régions un remarquable travail, M. Ferdinand Galibert, faisait remarquer, avec beaucoup de justesse, que les principaux articles qui s'emploient au Gabon et au Congo, et qui à eux seuls suffiraient à enrichir une ligne de vapeurs, sont sous le monopole de l'État ou sous sa rigoureuse surveillance.

La poudre et le tabac sont monopolisés; les fusils et les alcools sont l'objet d'une surveillance excessive.

Veut-on savoir quels sont les résultats commerciaux obtenus par ce monopole et cette surveillance rigoureuse?

Il est désastreux pour nos intérêts au Gabon, mais il contribue puissamment, en revanche, à faire les affaires de nos concurrents, les Anglais, les Allemands, les Hollandais, etc.

Quelques exemples suffiront à mettre en lumière ce que nous énonçons.

Un négociant de Hambourg veut envoyer de la poudre au Gabon; un baril de poudre de 3 livres lui coûte, rendu à bord, 1 fr. 10.

Un négociant français veut expédier de la poudre dans notre colonie, le même baril lui coûte 1 fr. 50.

On nous fera peut-être observer que le baril allemand doit acquitter des droits de douane de 30 centimes, tandis que le baril français payera un droit de 12 centimes seulement. Nous répondrons que le gouvernement allemand alloue une prime de 20 centimes, que le baril allemand ressort donc net à 1 fr. 20, tandis que *du fait du gouvernement* le baril de poudre français revient à 1 fr. 62 rendu là-bas.

Même observation pour le tabac en feuilles.

Le kilogramme coûte à Hambourg, tabac de choix, 1 fr. 35; en France 1 fr. 80. Les droits de douane étant au Gabon de 20 centimes par kilogramme, ce kilogramme reviendra, pour les tabacs pris à Hambourg, à 1 fr. 55. Les tabacs français ne sont assujettis qu'à un droit de douane de 8 centimes, le kilogramme revient à 1 fr. 88.

Et à l'échange l'acheteur choisit le tabac qu'il veut : blond ou brun, long ou court, lourd ou léger. En France il doit prendre celui qu'on lui donne, prévenir, comme pour la poudre, longtemps à l'avance, se munir d'acquits, accepter toute espèce de marchandises, payer comptant.

Certes, nous voudrions favoriser de tout notre pouvoir l'expansion commerciale anglaise ou allemande au Congo, que nous ne pourrions pas agir autrement.

Envisageons maintenant les procédés que l'État emploie chez nous à l'égard des exportations d'alcool allemand.

Depuis leur apparition à la côte, ces produits, chargés d'huiles essentielles, ont provoqué une décroissance effrayante de la population.

Ils coûtent en Allemagne de 35 à 40 francs l'hectolitre logé (à 90 degrés). Le gouvernement allemand leur alloue une prime à l'exportation de 27 francs par hectolitre. Le prix de revient maximum se trouve donc être de 13 francs.

Nous ne pouvons établir de comparaison de prix, fait très justement observer M. Galibert, avec la France, où ces alcools n'existent pas, le gouvernement exigeant avec raison que les alcools soient droits de goût. Mais pourquoi l'État ne fait-il pas au Gabon ce qu'il fait en France? Pourquoi ne pas exiger des étrangers qu'ils importent des alcools droits de goût? Ce serait pour cette industrie française, si maladroitement protégée, la possibilité de lutter, avec de sérieuses chances de succès, contre l'exportation allemande.

Enfin que l'État, lorsqu'il s'agit de marchandises, d'articles dont il a le monopole, accepte les prix d'exportation qui ont cours sur les marchés coloniaux; qu'il accepte la situation de commerçant qu'il s'est donnée. Nous aurons ce jour-là une base sérieuse pour nos opérations commerciales au Gabon et au Congo. Nous cesserons de nous trouver en présence de cette situation extraordinaire : l'État français favorisant la concurrence étrangère en surélevant le prix des articles dont il s'est réservé la vente.

Jusqu'à présent le concours de la production française se réduit à fort peu de chose, surtout dans le bas Congo. Les articles les plus importés sont les tissus imprimés. La largeur que les indigènes apprécient est d'environ 54 centimètres. Les parfumeries sont achetées en partie en France, ainsi que les chapeaux.

Bordeaux expédie quelques bouteilles de liqueur. La Hollande a longtemps approvisionné de rhum le Gabon. C'est une compagnie hollandaise qui a inventé le modèle de flacon de rhum appelé par les nègres *mboulé compini*. Ce flacon, qui se vend un franc, ne contient pas tout à fait un quart de litre. On comprend que le commerce de *l'alougou* soit un des plus lucratifs au Gabon et au Congo.

Comme on peut le voir, notre nouvelle colonie

est susceptible d'offrir à la métropole un débouché commercial d'une assez grande importance. Tous nos efforts doivent tendre à reconquérir làbas la place que nous avons laissé prendre aux Anglais et aux Allemands. Il faut pour cela que nous adoptions la méthode des uns et les procédés de fabrication des autres, procédés infiniment moins coûteux que les nôtres, et portant sur la qualité inférieure des marchandises. Il ne vaudrait pas la peine d'avoir une colonie qui imposerait au budget de la France des sacrifices nouveaux et des charges croissantes pour enrichir le commerce de l'Angleterre et de l'Allemagne.

CHAPITRE VII

ORGANISATION ADMINISTRATIVE

Nos premières acquisitions. — Ancienne organisation. — Conférence internationale de Berlin. — Organisation nouvelle. — Le budget de la colonie. — Les troupes indigènes. — La station navale. — Moyens de transports : paquebots et transports de l'État. — Organisation judiciaire : le tribunal de Libreville.

En décembre 1838, le chef du Garoway cédait à la France ses droits de suzeraineté. L'année suivante, le roi Denis nous accordait la propriété de deux hectares de terrain, et en 1842, grâce aux négociations de M. Bouet-Villaumez, le roi Louis plaçait sous notre autorité les territoires compris entre Glass et Quabens. D'autres traités, signés en 1843 et 1844, étendaient encore nos possessions, et, le 1er avril de cette dernière année, un traité général résumant les actes précédents, et qui reçut l'approbation de tous les chefs intéressés, reconnaissait la souveraineté pleine et entière de la France sur les deux rives du Gabon.

Nos limites, qui, en 1852, s'étendaient jusqu'au cap Esterias, furent en 1852 acculées jusqu'au cap Lopez. En 1868, nous étions suzerains des chefs du Camma et du Rhamboe, et les deux rives du Fernand-Vaz passaient sous notre domination. Nous devenions ainsi les maîtres de l'Ogooué. La colonie fut constituée en établissement indépendant par un décret du 26 février 1859, qui rattacha Gorée au Sénégal. Le Gabon fut alors placé, ainsi que les établissements de la Côte-d'Or, sous la haute direction du commandant de la division navale des côtes occidentales d'Afrique; l'officier de marine commandant le stationnaire prenait le titre de commandant supérieur, et remplaçait l'amiral pendant ses longues absences sur les côtes d'Afrique et d'Amérique.

Les inconvénients de cette situation firent constituer, par décision présidentielle du 24 janvier 1881, le Gabon en établissement distinct. Par décret du 16 décembre 1883, le Gabon et les établissements de la Côte-d'Or furent placés sous la direction du commandant stationnaire de Libreville.

Depuis cette époque, nombre d'acquisitions nouvelles sont venues augmenter notre territoire.

C'est ainsi qu'en 1883 nous avons étendu nos possessions au nord jusqu'au Grand-Batanga et jusqu'à Malimba (avril 1883), que nous avons acquis en 1884 le territoire de Benito, au nord de la rivière Muni. La possession de Malimba a fait de nous les voisins de l'Allemagne, qui, sur cette partie de la côte occidentale d'Afrique, possède les Camerouns.

Depuis lors, Brazza est venu ajouter à ces 50 000 kilomètres carrés de surface, formant le territoire du Gabon proprement dit, les 60 000 kilomètres carrés qui représentent l'étendue du Congo français, calculée sur les bases du traité de Berlin.

Déjà, en 1882, les Chambres avaient ratifié le traité que M. de Brazza avait passé avec le roi Makoko; nous nous étions ainsi assuré la souveraineté de tout le territoire environnant : Brazzaville et les États de Makoko se trouvaient, d'après le désir de ce chef, placés sous notre protectorat.

La conférence internationale de Berlin (16 novembre 1884 au 26 février 1886) a fixé définitivement nos limites politiques, et elle a déterminé le régime économique imposé à une partie de nos possessions.

Tout le bassin du Congo, — soit qu'il appartienne à la France, soit qu'il appartienne à l'Etat libre, — a été déclaré ouvert au commerce de toutes les nations.

Nos possessions de l'Ouest africain se sont trouvées par suite divisées en deux zones : d'une part le Gabon et la partie nord du Congo français jusqu'à Cette, Cama et Franceville, où nous pouvons nous réserver le monopole commercial; d'autre part la partie sud du Congo français qui fait partie de la région ouverte au commerce libre, c'est-à-dire où les importations seules jouissent de la franchise.

Nous avons abandonné en faveur de l'État libre les droits que nous donnait le traité conclu avec Makoko sur la rive gauche du Congo. La rive droite ne nous appartient pas tout entière : entre Manianga et l'embouchure elle est à l'Association, sauf une enclave laissée aux Portugais.

Il est regrettable assurément que nous n'ayons

pu étendre nos possessions de ce côté jusqu'au fleuve, non à cause de la possession de quelques kilomètres carrés de plus, mais parce que nous avons été ainsi privés en partie d'une excellente frontière naturelle.

L'extension considérable de notre domaine colonial dans l'Ouest africain nécessitait une organisation nouvelle. Un décret du 27 avril 1886 décidait que le Congo français serait administré par un fonctionnaire qui porterait le titre de commissaire général de la république dans le Congo français. Un second décret, rendu le lendemain, créait un poste de lieutenant-gouverneur du Gabon. Ce fonctionnaire devait assister l'administrateur du Congo et résider à Libreville.

Les titulaires de ces deux postes étaient tout indiqués. A qui pouvait-on mieux confier ces très importantes fonctions qu'à MM. de Brazza et Ballay.

La façon dont M. de Brazza a réalisé la conquête pacifique de notre nouvelle colonie, l'intelligence et l'activité qu'il a apportés à son organisation sommaire, le signalaient comme l'homme capable de mener à bien la tâche grande et difficile qui lui incombe.

C'est une rude besogne, en effet, que de préparer à la colonisation une région aussi étendue que celle du Congo français, surtout lorsque l'on a mis dans son programme une condition trop souvent négligée par les colonisateurs : l'économie.

Pour 1886, le parlement avait adopté, pour les possessions du Gabon et du Congo, le système de budget spécial à chapitre unique. Une loi affectait au budget colonial (établissements français du Gabon) une somme de 835 454 francs.

En outre, le Gabon avait reçu de la métropole, sur les fonds du budget colonial : 1º sur le chapitre 5 : personnel des services militaires, 79 930 francs pour l'entretien des troupes indigènes; 2º sur le chapitre 14 : subvention au service local des colonies, une somme de 44050 francs destinée à parfaire les ressources qui lui manqueraient.

Mais pour 1887 l'administration voulait modifier son système, et au lieu d'un budget à chapitre unique présenter un budget à chapitres divers.

M. de Brazza, qui sentait tout l'inconvénient de cette mesure, fit remarquer que le Congo n'était point d'ores et déjà une colonie; qu'on devait le mettre au rang des colonies à créer ; qu'on ne savait même pas encore si la colonisation serait possible, c'est-à-dire utile et fructueuse. Il insista sur ce fait, que le Congo avait sa situation propre, ses conditions d'existence propres, que c'était, en un mot, un pays neuf où il fallait employer des procédés neufs et en harmonie avec les conditions d'existence particulières.

Dans ces circonstances le Congo, qui n'est pas encore organisé au point de vue commercial, ne saurait être assimilé à nos autres colonies, et M. de Brazza réclamait, pour celui qui prenait la responsabilité de l'organisation et de l'essai de colonisation du pays, la liberté d'employer les crédits qui y seront affectés.

M. de Brazza réussit à faire prévaloir ses idées, et, d'accord avec le sous-secrétaire d'État aux colonies, M. de la Porte, il présenta à la commission parlementaire, qui l'adopta, un budget qui s'élevait à 2 100 000 francs. Sur ce chiffre, 1 600 000 francs étaient attribués au Congo, et 500 000 francs pour le Gabon [1].

Il fut décidé que les crédits affectés au Congo

---

[1] Le budget du Gabon, pour 1884, était de 421 000 francs, et les dépenses de la métropole atteignaient 44 000 francs.

seraient employés par moitié en France pour achat du matériel, et, pour l'autre moitié, au Congo, sous la direction d'un chef des services administratifs. Il y aura, en effet, au Gabon et au Congo une commission de réception et de contrôle. Sur les 2 100 000 francs, 1 450 000 seront accordés en bloc à M. de Brazza, tant pour le Congo que pour le Gabon; le reste de la somme, soit 650 000 francs, sera spécialisée au budget quant à l'emploi.

Les troupes indigènes se composent d'une compagnie de tirailleurs sénégalais détachés, comprenant un capitaine, un lieutenant, deux sous-lieutenants, un adjudant, un sergent-major, un sergent-fourrier, quatre sergents français et quatre sergents indigènes, un caporal-fourrier, cinq caporaux français, cinq caporaux indigènes, deux clairons, trente-deux tirailleurs de 1re classe, trente-deux tirailleurs de 2e classe.

La mission de l'Ouest africain se composait de vingt-cinq tirailleurs algériens, de cent cinquante laptots sénégalais qui représentaient les forces de la police, de cent cinquante kroumens et de trois cents indigènes de Loango. Il faut joindre à cette énumération trente militaires et marins, ouvriers de diverses spécialités, et trente civils, chefs de service, chefs ou sous-chefs de station.

Sous le nom de station locale du Gabon, l'escadre comprend :

1. L'*Alceste*, frégate à voiles, 2 canons, commandée par un capitaine de frégate;

2. Le *Guichen*, aviso de 1re classe, de 150 chevaux et 4 canons;

3. Le *Laprade*, aviso de 2e classe, de 100 chevaux et 2 canons;

4. L'*Olumo*, aviso de 3e classe, de 25 chevaux et 2 canons;

5. Le *Basilic*, aviso de 3e classe, 25 chevaux, 2 canons;

6. Le *Pourvoyeur*, aviso-transport, 175 chevaux, 2 canons;

7. La *Mésange*, aviso de 2e classe, 100 chevaux, 2 canons;

8. Le *Pionnier*, chaloupe-canonnière, 77 chevaux, 2 canons;

Plus le *Pygmée*, chaloupe à vapeur; le *Rubis*, la *Turquoise*, le *Courrier*, le *Surveillant*, le *Licona*, chaloupe à vapeur à roues (12 chevaux), et le *Como*, citerne.

Un transport de l'État fait trois voyages annuels de Brest au Gabon.

Avant qu'un service régulier subventionné de paquebots français pour la colonie fût organisé, les paquebots de la Compagnie commerciale de transports à vapeur français touchaient deux fois par an à Dakar et au Gabon (marché du 19 septembre 1883); on avait recours, en général, à la voie portugaise ou à la voie anglaise. Les paquebots portugais partent de Lisbonne le 6 de chaque mois. Ils arrivent à l'île de Sao-Thomé du 22 au 26. Entre le Gabon et Sao-Thomé, le service est assuré par un bâtiment à vapeur de la station locale qui met environ trente heures pour faire la traversée.

Les paquebots anglais partent de Liverpool toutes les trois semaines. La durée de la traversée moyenne jusqu'au Gabon est d'un mois et quatre à six jours.

Les entrées de navires au Gabon, pour 1882, étaient au nombre de 159; les sorties, 148.

Le tribunal de première instance du Gabon, institué à Libreville, est le centre de la juridiction française sur cette partie de la côte occidentale d'Afrique. Aux termes du décret du 1er juin 1878, il se compose d'un juge, d'un officier du ministère public et d'un greffier. Le décret du 21 décembre 1881 a créé un emploi

Transport de la marine de l'Etat.

de juge, mais il n'a pas pourvu à ceux de ministère public et de greffier, qui continuent, conformément à l'article 1 du décret du 1er juin 1878, à être remplis, l'un par le commissaire de police, l'autre par un agent que nomme le commandant.

Le tribunal a la compétence civile, commerciale et correctionnelle, et relève, pour l'appel, de la cour du Sénégal, qui connaît également les affaires criminelles, à moins que le commandant ne fasse usage des pouvoirs qui lui sont conférés par l'article 11 du décret du 1er juin 1878, et le décret du 20 août 1879. Il peut, en effet, déférer les crimes et délits ayant un caractère politique ou de nature à compromettre l'action de l'autorité française aux conseils de guerre ou au tribunal criminel spécial, composé du commandant-président et de deux officiers ou fonctionnaires membres.

Le décret du 26 décembre a complété cette organisation en confiant les fonctions de juge de paix au commandant de l'Ogooué et de Fernand-Vaz, avec appel devant le tribunal de Libreville.

Un nouveau décret du 16 octobre 1886 adjoint au juge-président (qui fait fonction de juge de paix à Libreville) un lieutenant de juge, chargé de l'instruction, et un greffier-notaire.

CHAPITRE VIII

NOS MISSIONNAIRES

Le programme de M. de Brazza et les missionnaires. — Services qu'ils rendent à la métropole. — La mission du Gabon. — Mgr Bessieux. — Les écoles, les ateliers, les plantations. — Le R. P. Leberre et Mgr Carrié. — Les sœurs. L'hôpital. — Le P. Gachon et sa mission chez les Akalais. — La marmite fétiche. — Mission chez les Adoumas. — Au cap Lopez. — Le roi N'yango. — Chez les Boulous. — Le P. Augouard. — La mission de Linzalo. — A l'Équateur. — Comment les missionnaires entendent la colonisation. — Les résultats obtenus. — Conclusion.

M. de Brazza disait, au cours de sa conférence du 21 janvier, au Cirque d'hiver :

« Notre action, jusqu'à nouvel ordre, doit tendre surtout à préparer la transformation des indigènes en agents de travail, de production et de consommation; plus tard viendra l'Européen avec le simple rôle d'intermédiaire.

« Je ne saurais assez le répéter ici : préparer un pays à la colonisation est œuvre de temps et de patience. Ce qu'il reste donc à faire, c'est d'étendre à nos possessions du haut Congo l'action qui s'exerce actuellement sur les rives de l'Ogooué, et cette tâche ne saurait être ni l'œuvre d'un jour, ni celle d'organisateurs qui auraient tout à apprendre, quels que soient leur intelligence et leur bon vouloir.

« L'influence personnelle est grande maîtresse en ces questions. Aussi à des influences changeantes et variées il faudra préférer l'action continue et persistante des mêmes hommes, qui conduisent à tous les résultats chez des peuplades primitives. Elles aiment d'abord le drapeau pour celui qui le porte, et la plupart du temps personnifient en ceux qu'elles connaissent l'idée vague du pays lointain dont on leur parle. Voilà pourquoi il faudrait, autant que possible, les mêmes volontés à la même tâche, sur les mêmes lieux, les mêmes dévouements aux mêmes intérêts. Faute de similitude dans les procédés dont on use envers eux, les indigènes perdent rapidement confiance, et de la méfiance à la peur et à la méchanceté il n'y a qu'un pas. »

Plus nous relisons ces lignes et plus nous croyons que, parmi ceux qui sont appelés à réaliser ce programme, le premier rang appartient à nos missionnaires. Les continuateurs les plus efficaces de l'œuvre de M. de Brazza, les civilisateurs, ce sont eux. Quiconque jette les yeux sur l'histoire de nos missions au Congo et au Gabon sera frappé de l'identité qui existe entre le programme fixé par M. de Brazza et celui que les missionnaires ont suivi.

Préparer la transformation des indigènes en agents de travail, de production et de consommation, tel est le but constamment poursuivi par tous les religieux français qui viennent civiliser ces populations, les gagner à la France et au catholicisme.

A Libreville et à Linzolo, au Gabon comme au Congo, partout où s'élève une mission, nous assistons à la réalisation victorieuse de ce programme, qui est par excellence celui de la colonisation pacifique et sage, de cette colonisation où les effets tendent à ce que le progrès moral aille de pair avec le progrès matériel. Il suffira pour s'en convaincre d'examiner rapidement les résultats obtenus par nos missionnaires dans ces contrées.

Le premier de ces propagateurs de l'idée religieuse et française fut Mgr Bessieux. C'est lui qui fonda la mission du Gabon, lui qui forma des établissements dans la rivière Como, chez les Pahouins, à Denis. Sous ce climat meurtrier, où il est recommandé à l'Européen de s'abstenir de tout travail pénible, Mgr Bessieux entreprit de détruire ce préjugé, profondément enraciné chez les nègres, que c'est une honte pour l'homme libre de travailler, et il voulut prêcher d'exemple. Il prit une pioche, et, à partir du lever du jour jusqu'à la tombée de la nuit, il travaillait aux plantations de la mission. Les enfants que les Gabonais avaient confiés aux missionnaires l'aidaient dans sa rude tâche. Au bout de trois ans les plantations furent terminées. D'une terre inculte et sauvage, ils ont fait un vaste jardin rempli d'arbres fruitiers en plein rapport : cocotiers, caféiers, goyaviers, orangers, citronniers, arbres à pain; ils cultivent le cacao, le coton et la vigne, le manioc et le riz. Dans un vaste potager ils font venir les légumes de France, qu'il est impossible de se procurer partout ailleurs. Tous ces produits servent à nourrir leurs pensionnaires et les malades de l'hôpital de Libreville. Mais le but de ces colonisateurs par excellence, en créant ces plantations et ces jardins, était de montrer aux noirs ce que l'on peut obtenir avec un peu de travail, de faire des agriculteurs de ces Gabonais, qui sont assurément les plus paresseux de tous les nègres. Les plantations de la mission devaient être pour les indigènes une sorte de pépinière où il leur serait toujours permis de puiser. Mais ils ne l'ont fait jusqu'à présent qu'avec une réserve que leur apathie suffit à expliquer. Ils demandent aux plantations les arbres et les graines des fruits qui ne réclament aucune culture, comme les cocotiers, le manguier, l'arbre à pain, l'avocatier. Quant à ceux qui exigent, pour prospérer, le plus petit effort, les soins les plus élémentaires, ils les laissent soigneusement de côté.

Les missionnaires ont essayé de former des ouvriers; ils ont, grâce au concours des frères, établi des ateliers de cordonnerie, d'habillement, d'ébénisterie, de menuiserie; les ouvriers, une fois leur apprentissage terminé, vont exercer leur petite industrie dans leurs villages. Mais il est bien nécessaire, pour arriver à des résultats satisfaisants, de ne s'adresser qu'à des adolescents que l'on peut soustraire à temps aux exemples déplorables donnés par leurs parents. Les hommes, en effet, ne renonceront jamais à leurs habitudes de paresse, et tous les efforts tentés dans ce but demeurent stériles.

L'œuvre de Mgr Bessieux, qui pendant trente ans fut sur la brèche, a trouvé un continuateur dans le R. P. Leberre au Gabon, et dans Mgr Carrié au Congo.

Mgr Carrié, le premier vicaire apostolique du Congo, qui a été sacré évêque récemment par l'archevêque de Paris, travaille depuis vingt années à évangéliser les indigènes.

Il se trouvait à la tête de la communauté de Saint-Jacques, à Landana, une des plus belles résidences de cette mission, que le traité de Berlin a définitivement attribuée au Portugal, lorsqu'un bref de Léon XIII l'a élevé à l'épiscopat. Les évêques des Missions portent, on le sait, le titre de vicaires apostoliques.

A Landana, Mgr Carrié était maître d'école, agriculteur, bûcheron, ingénieur. Il a fertilisé des marais à l'aide de ses jeunes noirs et d'un petit chemin de fer Decauville qu'il fit venir d'Europe; il a défriché des forêts. Il a fait de même au Loango, — qui va être sa résidence, — à Linzolo, contrées totalement transformées en vingt ans.

Le nouveau vicaire apostolique du Congo possède une quarantaine de collaborateurs pour un immense territoire de 670 000 kilomètres carrés, avec un littoral de 300 lieues sur l'Atlantique.

Des sœurs de Saint-Joseph de Cluny font l'école aux petites négresses, car l'école est la pierre angulaire de toute mission. Cette année même (1886) les écoles de Saint-Jacques, à Landana, comptaient cent cinquante garçons et trente filles. Voilà l'origine de chrétientés futures qui grandiront dans le respect et l'amour de la France.

A Loango, qui devient le siège épiscopal, l'école est fréquentée par soixante-dix négrillons.

Ainsi que le fait remarquer M. Marcade, ce sont les sous de la Propagation de la foi, versés chaque semaine par les catholiques, qui défrayent ces merveilleuses tentatives.

A Saint-Pierre de Libreville, plus de trois cents élèves fréquentent aujourd'hui l'école de la mission. La grande préoccupation de nos missionnaires est de leur apprendre le français.

Au point de vue commercial, c'est assurer au marché français une clientèle certaine; on entre volontiers en relation avec les négociants dont on sait parler la langue. Il est certain que l'éducation reçue aux écoles françaises rapproche encore de nous les indigènes, beaucoup restent attachés à nos idées et à nos croyances. D'autres, à la vérité, une fois rentrés dans leurs familles, perdent en quelques mois tous les fruits de l'éducation si péniblement donnée. Presque tous quittent l'école sachant lire et écrire, et parlant le français.

L'hôpital est la création la plus utile que l'on ait faite au Gabon. Les sœurs de l'Immaculée-Conception ont réalisé là des prodiges de dévouement. Beaucoup d'entre elles sont mortes, enlevées par la maladie, par les fatigues de toute sorte qui résultent de leur ministère. C'est là que les colons épuisés viennent rétablir leur santé et trouver des soins intelligents et dévoués. Les sœurs ont établi un asile de vieillards et une maison d'éducation pour les filles noires, elles leur apprennent les travaux d'aiguille, le blanchissage, le repassage, etc.

La mission de Saint-Pierre de Libreville est actuellement en pleine prospérité. De là partent des religieux qui vont instruire et évangéliser les peuplades de l'Ogooué, les Gallois, les Ourougnous, les Camas, les Ivilis, les Akalais, les Pahouins. Le R. P. Gachon, visitant en juillet 1885 un assez grand nombre de villages échelonnés le long du fleuve, a pu se rendre compte des difficultés très grandes qui attendent dans ce pays les religieux appelés à la lourde tâche de moraliser ces populations. Continuellement en guerre entre elles, villages contre villages, ces peuplades en viennent aux mains pour le moindre motif. La plupart de ces noirs sont très dépravés, fort superstitieux, et malgré cela assez sceptiques. Le R. P. Gachon raconte qu'arrivé dans le village de Magnanga-Maféna, où un Pahouin venait de tuer un Akalai, il fut témoin d'une scène qui peut donner une idée des *convictions* religieuses de l'une de ces peuplades.

« Les Akalais, dit-il, moins audacieux que les Pahouins, n'osaient faire la guerre; ils avaient donc eu recours aux fétiches, auxquels ils croient peu, mais qui en imposent beaucoup à leurs ennemis les Pahouins. Or voici le truc dont ils s'étaient servis : ils avaient allumé du feu à l'entrée de leur village et placé au-dessus une marmite remplie d'eau et de vieux champignons. Une fois les champignons cuits, le grand esprit des Akalais, attiré par l'odeur de ce mets, dont il est très friand, devait descendre de la colline voisine pour venger la mort de l'Akalai tué. Le coupable du meurtre devait donc mourir infailliblement. Et malheur à qui toucherait à la marmite sur le feu !

« En arrivant à Magnanga-Maféna, peuplé d'Akalais et de Pahouins en même temps, je n'eus rien de plus pressé que d'aller regarder le contenu de la marmite en question; on m'avait dit que c'était un grand fétiche, je voulais savoir en quoi il consistait. Mais au moment où je faisais glisser le couvercle de la pauvre marmite, les Pahouins poussèrent de grands cris :

« Le blanc va donc mourir, se disent-ils, il
« a touché le fétiche. »

« Les rusés Akalais leur répondirent alors :

« Non, non, cela ne tue que les noirs, et non
« les blancs. »

Cette distinction byzantine sauva la situation. Si les peuplades du bas Ogooué sont, à cause de leur corruption, de leur penchant au vol et au pillage, peu disposés à accepter les enseignements des missionnaires; celles du haut Ogooué, du bassin du Niari-Quillou, du Congo, sont, en revanche, beaucoup plus faciles à instruire et, disons le mot, à civiliser. Car c'est la civilisation que les missionnaires viennent apporter dans ces contrées.

Ils ne sont pas seulement des catéchistes, des maîtres d'école, ils sont encore des médiateurs, des conseils désintéressés et écoutés à cause de leur désintéressement, qualité rarissime chez les noirs du Gabon et de l'Ogooué.

Pour se faire aimer de ces peuples, il n'est pas de sacrifice qu'ils ne s'imposent et pas de dévouements dont ils ne soient capables. C'est ainsi qu'au Gabon, où l'Européen doit s'astreindre à une hygiène sévère, et où il doit éviter avec soin tout ce qui pourrait attaquer sa santé, on a calculé que, du mois d'octobre 1884 au mois d'août 1885, les missionnaires de Saint-Pierre de Libreville avaient fait 1,061 visites aux malades.

On comprend que cette propagande, qui ne recule devant rien, doive porter des fruits. Les indigènes font assez souvent des comparaisons entre les missionnaires du protestantisme et les prêtres catholiques, et celles-ci ne sont pas toujours à l'avantage des pasteurs que l'Angleterre et les États-Unis envoient là-bas.

« Toi, tu vas voir nos malades, disait un chef Boulou au R. P. Neu, tandis que l'*Américaine* nous envoie de gros livres à la place de remèdes. »

Les pères Davezac et Blichet ont établi chez les Adoumas, par 1º de latitude sud et 10º de longitude orientale, une mission qui est en pleine prospérité. Ils ont acquis, moyennant un fusil et trois chemises, un magnifique terrain situé à quelque distance de Franceville.

Bien différents des Bakalais et des Pahouins, les Adoumas, qui sont un peuple aux mœurs douces, aimant le travail, et plus loyal et plus désintéressé que la plupart des peuplades noires de ces régions, ont fait un accueil enthousiaste aux missionnaires. Lorsque le P. Davezac les catéchisait, ils l'écoutaient avec la plus grande attention, et, loin de témoigner de l'attachement pour leurs anciennes croyances, ils s'écriaient :

« Hâte-toi de nous apprendre toutes ces choses, pour que nous soyons aussi les amis du Grand-Esprit ! »

Quand les pères Blichet et Davezac durent quitter pendant quelque temps la mission qu'ils venaient de fonder, toute la population se transporta sur la rive de l'Ogooué, et, les larmes aux yeux, les supplia de ne pas rester longtemps absents.

M. de Brazza n'aura pas de plus ardents collaborateurs que ces missionnaires, qui viendront compléter son œuvre en apprenant aux noirs à aimer la France, en leur enseignant notre langue, en en faisant pour nous des alliés au double point de vue politique et religieux.

Fondation d'une mission catholique au Congo.

Beaucoup de rois nègres font du reste un pressant appel aux missionnaires pour qu'ils viennent s'établir au milieu d'eux. Ils savent bien qu'au point de vue matériel, comme au point de vue moral, ils n'ont que des avantages à retirer de leur présence chez eux. C'est ainsi que Ntyanga-Gnona, le roi noir du cap Lopez, désirant retenir dans ses États un missionnaire de la Congrégation du Saint-Esprit, M. J. Neu, lui adressait le discours suivant, qui ne manque pas de pittoresque :

« Il y a longtemps, lui disait-il, que je désire voir les missionnaires s'établir ici, chez moi; il y a longtemps que j'ai demandé cette faveur au *Grand Minissé* (monseigneur), pour qu'ils viennent élever nos enfants. Pourquoi me préférez-vous les sauvages de l'intérieur? Ces sauvages ne vous connaissent pas, ils ne vous aiment pas comme moi; ils n'osent pas vous confier leurs enfants, parce qu'ils ne savent pas ce que vous voulez en faire; mais moi qui vous connais, moi qui vous aime, moi qui désire ardemment vous voir ici, moi qui sais qu'avec nos enfants vous faites des gens distingués, je pourrais en trois jours vous amener ici plus de trois cents enfants, garçons et filles. Tu vois toutes ces terres, elles sont à moi; c'est moi qui commande ici; je n'ai qu'à parler, et la mer se couvre de mes pirogues. Pourquoi donc ne voulez-vous point rester chez moi? Je vois la même eau que le *Grand Minissé*, l'eau amère qui unit le cap Lopez au Gabon. L'eau du cap Lopez et l'eau du Gabon sont la même eau; nous foulons le même sol, nous parlons la même langue, nous avons les mêmes manières; nous sommes donc unis et amis, et par conséquent vous devriez venir chez moi. Là-haut, où vous allez, il n'y a plus la même eau, il n'y a plus l'eau amère avec sa grande voix, avec sa colère, avec son va-et-vient; il n'y a là que de l'eau douce, qui passe, qui descend, et arrive chez moi. Les hommes de là-haut ne sauraient conduire ici sur la mer fâchée aucune pirogue. Pourquoi alors vas-tu là-haut, où tout est inconnu, où tu ne connais personne, où personne ne te connaît ».

M. Neu ne put cependant pas satisfaire au désir de Ntyanga. C'est à l'île Ozangha (île des Lumières) qu'il devait se rendre. Les missionnaires de la congrégation du Saint-Esprit ont fondé là une mission qu'ils ont appelée Saint-François-Xavier. A côté de leur établissement se trouve le poste de l'État, deux factoreries anglaises, une factorerie française et une allemande.

Cette mission a eu le sort de ses aînées, elle a prospéré; elle a fait faire à la religion et aux intérêts français un nouveau pas en avant.

En 1883, le P. Neu alla catéchiser les Boulous, de Nombo. Ces populations neuves et simples sont bien loin de la dépravation des Gabonnais. Un missionnaire résidant au milieu d'eux acquerrait une très grande influence et serait sûr de voir tous ses conseils écoutés. Malheureusement ces Boulous, toujours réunis en petits villages d'une seule famille, sont dispersés sur une très grande étendue de pays.

Une des preuves de l'influence que ne peuvent manquer d'acquérir les missionnaires sur les peuplades de notre nouvelle colonie, quand les missions seront en nombre suffisant, est la sympathie qu'ils inspirent à tous ceux qui les ont approchés.

M. Neu raconte que, se rendant au village d'Ombila, il fut rencontré par des Pahouins, — six solides gaillards aux cheveux tressés en queue, aux dents limées en pointe, au corps affreusement tatoué en rouge, — qui, en l'apercevant sur le Mégambo, cessèrent de ramer et saisirent leurs fusils. Ils allaient faire feu sur M. Neu et son escorte quand un des hommes les arrêta d'un geste. C'était un vieillard aux traits énergiques, qui s'entretenait avec un jeune homme assis à ses côtés; celui-ci désignait souvent du doigt M. Neu et ses compagnons.

Tout à coup le vieillard donna un coup de rame à son embarcation, aborda la pirogue de M. Neu. Le jeune homme prit alors la main du vieillard, la plaça dans celle de M. Neu et lui dit : « N'aie aucune crainte, père, nous ne te ferons rien; tu es ici sous la protection du chef de ce pays, car tu es venu ici pour apprendre aux hommes le chemin du ciel. Ceux-ci ne te connaissent pas; mais moi, je te connais; j'ai été au Gabon, j'ai reçu une médaille du grand *Minissé.* »

Au sud de notre nouvelle colonie, les efforts tentés ne sont pas moins considérables.

Le P. Augouard, l'infatigable missionnaire, est parvenu à fonder une mission à Saint-Joseph de Linzolo, près de Brazzaville, et à Saint-Jacques de Landana; dans le Congo belge, les frères du Saint-Esprit ont établi une mission à Mboma, près de l'île du même nom, au centre commercial le plus important du bas Congo, et à Saint-Antoine de Sogno, près de l'embouchure du grand fleuve. Sur nos côtes ils ont fondé un établissement à Loango. Mais le plus important est assurément celui de Saint-Joseph de Linzolo. La position de cette dernière station en indique assez l'utilité. Elle est destinée à devenir le centre d'action des missionnaires parmi les populations de l'intérieur.

Le P. Augouard partit seul avec quelques noirs inexpérimentés au milieu d'un pays inconnu, sans ressources ni vivres.

En cinq mois il explora le pays, fit alliance avec les chefs, et revint à Landana rendre compte de son voyage, et tout mettre en œuvre pour pouvoir établir sa mission de Linzolo près de Brazzaville et de Stanley-Pool.

Au mois de juillet 1883, le P. Augouard formait une caravane et partait pour Brazzaville avec un autre missionnaire, le P. Krafft, un marcheur intrépide qui fit des étapes qu'aucun Européen n'avait encore atteintes, et le frère Savinen, ancien maréchal des logis de dragons, jadis prisonnier en Allemagne, qui rendit à la petite expédition les plus grands services par son adresse à la chasse et la façon dont il dirigea la caravane.

M. Dolisie, l'un des collaborateurs les plus brillants de M. de Brazza, avait demandé à les accompagner afin de pouvoir rejoindre plus rapidement son chef à Brazzaville.

La caravane quitta Landana le 7 août; le navire de guerre français le *Sagittaire* la transporta jusqu'à Noki, à quarante lieues sur le Congo.

De Noki, elle se mit en route pour Brazzaville où les indigènes la reçurent fort mal. Ils refusèrent de lui vendre des vivres et parlèrent de la repousser par la force.

Le P. Augouard se détermina alors à retourner un peu en arrière pour attendre l'arrivée de M. de Brazza, qui tardait à venir. Ils traversèrent des plaines marécageuses et s'arrêtèrent sur la petite rivière de Linzolo, à quatre heures de marche du Stanley-Pool, et à quatre cents mètres d'un village de Batékès anthropophages.

Le P. Augouard, ayant voulu semoncer vertement le chef du village sur les habitudes de ses sujets, celui-ci lui répondit simplement :

« Tu ne manges pas de chair humaine?

— Non, mille fois non.

— Tu as tort, car c'est excellent.

— C'est toi qui as tort; car il n'est pas permis de manger son semblable.

— Vous autres blancs, vous ne connaissez pas ce qui est bon; mais attends un peu, lorsque tu seras resté six mois chez nous, nous t'apprendrons à manger ce mets, et tu le trouveras excellent.

— Mangez-vous aussi les blancs? demanda le P. Augouard.

— Non, répondit le chef; toi, tu es trop maigre! »

Cet aimable homme, ayant appris que la caravane avait perdu six hommes pendant le voyage et que le P. Augouard les avait fait enterrer, s'écria avec émotion :

« Ah! que de bonne viande perdue! Nous t'aurions au moins donné dix porcs et dix chèvres pour l'acheter!... Ah! vous autres blancs, vous ne connaissez pas ce qui est bon! »

C'est au milieu de ces gourmets que le P. Augouard allait établir sa mission. Il parvint à passer avec les trois chefs les plus puissants un contrat par lequel il acquit, moyennant un habit et un chapeau à claque, une couverture et des colliers de perles, un terrain de vingt hectares.

A partir de ce jour, la mission de Saint-Joseph

de Linzolo était fondée, et le P. Augouard, dont les fièvres et les fatigues de toute sorte avaient ébranlé la santé, put reprendre le chemin de la côte, et bientôt après celui de la France.

En signe d'adieu, le chef principal lui dit : « Tu es malade, et tu vas aller au pays des blancs. Fais bon voyage. Nous te donnons, pour t'accompagner jusqu'à la grande eau (la mer), quatre de nos enfants; ils seront les tiens. Toi, tu laisses ici tes enfants blancs et noirs, ils seront nos enfants. Si on les vole, c'est nous qui payerons; s'il y a des procès, c'est nous qui les réglerons. Enfin nous garderons tes gens, tes maisons, tes marchandises. Va donc voir ta mère, tes frères, tes sœurs, et reviens bientôt chez nous, où nous serons contents de te revoir. »

La mission de Linzolo a tenu ce qu'elle promettait. Les Batékès de Linzolo et de Brazzaville sont devenus pour nous des alliés fidèles ; leurs enfants sont instruits à l'établissement des religieux du Saint-Esprit, où l'on tâche d'en faire des travailleurs. A côté de Brazzaville et près du Stanley-Pool, on comprend tous les avantages que cette mission doit avoir pour l'influence française. Il serait à souhaiter que, dans cette région où l'autorité de notre allié, le roi Makoko, prédomine, et où les peuplades sont plus faciles à moraliser qu'au Gabon, les religieux du Saint-Esprit pussent multiplier leurs établissements. Le P. Augouard, du reste, peut être placé au premier rang de ces missionnaires infatigables qui ont entrepris la conquête religieuse de l'Afrique[1]. De retour au Congo il a voulu, après avoir constaté le succès de la mission de Saint-Joseph de Linzolo, porter l'Évangile plus loin encore, au cœur du continent africain. C'est à l'Équateur qu'il est allé fonder un second établissement, le 4 août 1885. La tâche sera rude, car, à côté des mille et une difficultés de l'apostolat, le P. Augouard a trouvé à Équateurville la double concurrence religieuse et politique du protestantisme et de l'Anglais.

« Deux sectes protestantes, écrivait le P. Augouard le 31 juillet 1885, se sont établies au Congo depuis huit à neuf ans et ont des sommes considérables à leur disposition, ainsi que le prouvent les deux splendides vapeurs et les superbes embarcations à voiles dont elles se servent. L'une d'elles, d'anglaise qu'elle était, est

---

[1] Les noirs ont surnommé le P. Augouard : Diata, diata : *qui marche vite.*

devenue américaine et a dû changer de doctrine en changeant de pavillon. L'*Association du Congo* leur a généreusement concédé des terrains dans six de ses propres stations; mais, à part l'Équateur et Léopoldville, qui leur sert de pied-à-terre, le reste a été abandonné comme trop difficile et trop insalubre.

« Les ministres ont encore trois petits postes du côté du littoral pour y recevoir les nouveaux arrivants, mais celui de l'Équateur est certainement de tous le plus important et le plus prospère. Nos établissements catholiques n'ont certes pas de peine à soutenir la concurrence, et tous les étrangers, même protestants, qui nous visitent, n'hésitent pas à donner la palme à notre méthode d'enseignement et de civilisation, surtout après avoir constaté les résultats obtenus de part et d'autre.

« Mais, s'ils n'obtiennent pas de résultats, ils peuvent du moins paralyser nos efforts en éblouissant par leur luxe les indigènes, qui ne sont que trop portés à se laisser prendre par l'extérieur. Ils habillent luxueusement leurs quelques élèves, qui vous disent *Good morning* avec le flegme le plus anglais, et ils leur laissent la plus entière liberté pour courir et folâtrer partout où bon leur semble. De travail manuel, il n'en est pas question.

« Notre manière d'agir est bien différente, car c'est seulement en formant des travailleurs, et surtout des agriculteurs, qu'on pourra civiliser l'Afrique. Peu importe d'avoir de nombreuses embarcations pour sillonner le fleuve, des postes pour donner des cadeaux aux noirs, qui signeront tous les traités possibles pourvu qu'on leur offre des présents; peu importe qu'on possède d'immenses territoires avec les richesses qu'on y suppose : tout cela ne servira à rien, si, à l'éducation intellectuelle et morale, on ne joint l'enseignement pratique de ce qui peut développer et favoriser le commerce et l'industrie. Sans nul doute, le Congo offre des espérances pour l'avenir, mais qu'on prenne immédiatement les moyens propres à tirer parti de ces contrées, sur lesquelles bien des personnes se font illusion.

« D'après l'expérience constante de ceux qui ont consacré leur vie à l'éducation de la race noire, il n'y a presque rien à faire avec les adultes, qui n'ont jamais travaillé et qui, à peu d'exceptions près, se donneront bien garde de le faire pour enrichir un autre plus rusé qu'eux, comme ils le disent ingénument eux-mêmes.

Il faut donc commencer par les jeunes générations et leur apprendre de bonne heure que le travail est un honneur, et non pas un esclavage; il faut, pour cela, multiplier ces établissements hospitaliers où les institutions agricoles ne le cèdent en rien à la culture intellectuelle et morale; c'est seulement en faisant marcher de front ces deux choses que l'on pourra civiliser l'Afrique, et obtenir du noir ce travail constant qu'aucun Européen ne pourra fournir sous le climat débilitant de l'Équateur africain. »

Les résultats obtenus à Linzolo démontrent surabondamment l'excellence de la colonisation telle que nos missionnaires l'entendent, au triple point de vue moral, intellectuel et agricole.

Ces même sauvages qui, lors de l'arrivée du P. Augouard à Linzolo, se flattaient hautement de manger de la chair humaine, niaient leur anthropophagie un an après l'arrivée des missionnaires parmi eux.

Aujourd'hui une maison d'école s'élève près de la mission, et le nombre des élèves que les religieux du Saint-Esprit instruisent est considérable. Les missionnaires achètent autant d'esclaves que leurs ressources bien limitées peuvent le leur permettre.

Actuellement la construction d'un hôpital, que le P. Augouard projetait l'année dernière, doit être chose faite.

La colonie agricole est très prospère; mais que de préventions il a fallu vaincre pour persuader à ces noirs que le travail « n'enlèverait rien à leur dignité »! Les missionnaires ont dû prêcher d'exemple, et, sous ce climat où l'Européen doit cependant s'interdire des fatigues excessives, se sont bravement mis à l'œuvre.

« Ils ont d'abord admiré nos efforts, dit le P. Augouard, et bientôt une foule de travailleurs sont venus apprendre des choses qui ne manqueront pas d'apporter l'abondance dans les familles. Aujourd'hui ceux qui construisent des cases les font plus grandes, et ils cherchent à imiter la forme de nos constructions.

« Certes, il a fallu de la patience, et beaucoup de patience pour faire un agriculteur, un maçon, un charpentier d'un pauvre sauvage qui n'avait aucune idée du travail européen; mais enfin on y est parvenu, et si tout n'est pas encore parfait, du moins leur bonne volonté nous prouve qu'on pourra encore les perfectionner. Ils seront alors d'un grand secours aux Européens qui viendront plus tard peupler les cités naissantes de Brazzaville et de Léopoldville, sur les deux rives du Pool. Dès aujourd'hui, ce sont uniquement les indigènes des environs de la mission qui vont travailler chaque jour à Brazzaville.

« Ce contact continuel avec les indigènes nous procure un triple avantage : d'abord celui de nous faire connaître et aimer d'eux, ensuite celui d'apprendre plus parfaitement leur langue, et enfin de leur enseigner la nôtre. Aussi déjà, à une grande distance de la mission, les indigènes vous saluent en français et cherchent à causer avec nous dans notre langue. Ils apporteront bien quelquefois une chauve-souris pour une poule, ou votre parapluie pour une banane, mais au commencement il ne faut pas se montrer trop exigeant. »

Nous ne nous étendrons pas davantage sur l'œuvre accomplie au Congo par nos missionnaires. Les quelques détails que nous avons signalés suffiront à faire comprendre quels services rendent ces précieux et dévoués auxiliaires de l'idée religieuse et française. Ce sont les grands civilisateurs, et ceux dont l'influence sera prépondérante dans ces régions.

L'amiral allemand Know l'a bien compris, lui qui, après avoir visité la mission de Sainte-

Marie, demandait à M. de Bismarck des missionnaires catholiques pour les Camerouns.

Dans les régions où la conquête politique est inséparable de la conquête religieuse, le missionnaire est l'homme nécessaire. Il a la tâche la plus difficile, mais celle qui donne les résultats les plus utiles et les plus précieux. Si d'autres ont donné à la métropole le territoire, lui gagne les populations

En n'envisageant son rôle qu'au point de vue utilitaire, on peut dire que la mission qu'il fonde, l'école qu'il ouvre, l'hôpital qu'il installe sont autant de victoires remportées au bénéfice de son pays.

Par la mission, par la chapelle, il crée entre lui et ses catéchumènes le plus fort de tous les liens : le lien religieux. Par l'école, par l'enseignement de notre langue, il prépare au commerce et à l'industrie de la métropole une clientèle d'avenir, il assoit notre influence et fait prévaloir nos idées.

Que l'on réfléchisse à tout le dévouement qu'exige cette conquête morale d'un peuple, à tous les sacrifices qu'elle impose; que l'on songe que ces apôtres et ces civilisateurs ne refusent aucun des dangers et aucune des fatigues attachés à leur double rôle; que chez eux le catéchiste est à la fois un maître d'école et un garde-malade, et l'on comprendra comment des nations ainsi conquises, et qui ont dû subir d'autres lois, ont gardé pour la France, en dépit du temps, un amour si profond, que leurs nouveaux maîtres l'ont jugé indestructible.

Quand on parcourt l'histoire de ces héroïques propagateurs de l'idée française et chrétienne qu'aucune lutte n'a vaincu, qu'aucune persécution n'a lassé, il semble que l'on continue les fières chroniques auxquelles Gilbert de Nogent avait donné ce glorieux titre : *Gesta Dei per Francos*.

Et partout où l'on voit un missionnaire on peut, en rappelant une belle parole d'un souverain, dire qu'une grande cause le précède et qu'un grand peuple le suit.

FIN

TABLE

CHAPITRE I

Limites, orographie, fleuves, lacs, territoires. — Avons-nous des villes au Congo? — La température. — La saison sèche et la saison des pluies. — Le climat. — Difficultés que les Européens éprouvent à s'acclimater. — L' « hygiène » de Stanley   7

CHAPITRE II

VOYAGES ET EXPLORATIONS

Les premiers explorateurs : M. Serval, le lieutenant Aymès, expédition du marquis de Compiègne et de M. Marche. — Premier voyage de M. de Brazza : M. Marche, le Dr Ballay. — Deuxième voyage : M. Noguet, M. Michaud. — Visite au roi Makoko. — Traités conclus avec lui et avec les chefs Oubandjis. — Rencontre de Brazza et de Stanley. — Troisième voyage : MM. de Lastours, de Chavannes, Flicotteau, Manchon, Jacques de Brazza et Chollet. — Deuxième visite à Makoko. — Les derniers traités   35

CHAPITRE III

POSTES ET STATIONS

Nos stations sur l'Ogooué. — Franceville. — Nos postes de l'Alima et du Congo. — Brazzaville. — Nos établissements du Niari-Quillou. — M. Grant-Elliot et nos agents. — Nos établissements de la côte 71

CHAPITRE IV

PEUPLADES DE L'OGOOUÉ ET DU CONGO

Ethnologie. — Mpongwés, Boulous et Shekianis. — Peuplades du bassin de l'Ogooué : les Bakalais, les Ivilis, les Gallois, les Pahouins, Osyebas, Okandas, Adoumas, etc. — Peuplades du bassin de l'Alima et du Congo : Batékès, Abomas, Oubandjis, etc. — Peuplades du bassin du Niari. — Mœurs, usages, coutumes, religion. — L'autorité chez les nègres. — Les rois du Congo et de l'Ogooué 85

CHAPITRE V

GÉOLOGIE. — FAUNE. — FLORE

Mines. — Cuivre, plomb, fer, étain, argent. — La faune. — Les mammifères : le gorille et le chimpanzé. — Le singe de M. Duchaillu. — L'éléphant ; façon dont les Fans les chassent. — L'hippopotame ; le niaré ; les reptiles ; les insectes : les fourmis bashikanais, les termites ; les oiseaux : l'indicateur, les perroquets, le calao, les autruches ; les poissons. — La flore : essences forestières, plantes médicamenteuses ; les palmiers : l'*élais guineensis* ou palmier à huile ; ressources multiples

TABLE 237

qu'il offre à l'agriculture et à l'industrie; façon dont les Adoumas le cultivent; la fabrication de l'huile; la gomme copal, le caoutchouc, la canne à sucre, les arachides. — Quelles sont les plantations qui contribueraient le plus à assainir le Gabon? — Projet de M. Ch. Rivière : l'eucalyptus et ses effets, le bambou.   123

CHAPITRE VI

L'AGRICULTURE ET LE COMMERCE

Les moyens de colonisation. — Le chemin de fer de Stanley. — Routes naturelles et routes artificielles. — Le commerce français et le commerce étranger au Gabon et sur l'Ogooué. — Principaux produits de notre colonie : le commerce du caoutchouc, de l'ivoire, de l'ébène, de l'huile de palme, des arachides, etc. — Les marchandises qui servent aux échanges. — La part de la France.   161

CHAPITRE VII

ORGANISATION ADMINISTRATIVE

Nos premières acquisitions. — Ancienne organisation. — Conférence internationale de Berlin. — Organisation nouvelle. — Le budget de la colonie. — Les troupes indigènes. — La station navale. — Moyens de transports : paquebots et transports de l'État. — Organisation judiciaire : le tribunal de Libreville   191

CHAPITRE VIII

NOS MISSIONNAIRES

Le programme de M. de Brazza et les missionnaires. — Services qu'ils rendent à la métropole. — La mission du Gabon. — Mgr Bessieux. — Les écoles, les ateliers, les plantations. —

Le R. P. Leberre et Mgr Carrié. — Les sœurs. — L'hôpital. — Le P. Gachon et sa mission chez les Akalais. — La marmite fétiche. — Mission chez les Adoumas. — Au cap Lopez. — Le roi N'yango. — Chez les Boulous. — Le P. Augouard. — La mission de Linzalo. — A l'équateur. — Comment les missionnaires entendent la colonisation. — Les résultats obtenus. — Conclusion 205

OUVRAGES DE LA MÊME COLLECTION

FORMAT IN-8° — 2ᵉ SÉRIE

A BORD D'UN NÉGRIER, épisode de la vie maritime, tiré des *Voyages et Aventures* de L Garneray.

ALDA, L'ESCLAVE BRETONNE, traduit de l'anglais par Mᵐᵉ L. de Montanclos.

AMIS DES OUVRIERS (les), par l'auteur de la *Vie du P. Pierre Fourier*

ART EN ITALIE (l') au moyen âge et à la renaissance, biographies et esquisses par Mgr Sébastien Brunner, traduit de l'allemand par J. T. de Belloc.

AUSTRALIE (l'), par ***.

BONHEUR DANS LE DEVOIR (le), par Mᵐᵉ L Boïeldieu d'Auvigny

BOURDALOUE, esquisse biographique et morceaux choisis, par A Laurent

BRETAGNE ET GRANDE BRETAGNE, Italie et Sicile (1879-1883), par l'abbé Lucien Vigneron, du clergé de Paris, officier d'académie, chevalier de l'ordre militaire du Christ, membre de la Société des gens de lettres

CANADA (le), par le comte de Lambel

CHARLES V ET LA FRANCE AU XIVᵉ SIÈCLE, par Charles Buet, membre de l'Académie de Savoie, de l'Académie salesienne, de l'Académie heraldo-historique d'Italie, lauréat de la Société d'encouragement au bien

CHEMIN DE LA VERA-CRUZ (le), épisode de la guerre du Mexique, par V.-H. Martin.

COLONIE DU CAP (la), Aventures et voyages, par Franz Hoffmann, traduit de l'allemand, avec l'autorisation de l'auteur, par Mˡˡᵉ Simons.

CONGO (le) par Emmanuel Ratoin

DEUX COUSINES, par Mᵐᵉ Colette

ENFANT DU MOULIN (l'), par Mrs ..., traduit de l'anglais avec l'autorisation de l'auteur, par A Chevalier

ENFANT DU VÉSUVE (l), par W Herchenbach, traduit de l'allemand par Mˡˡᵉ Simons

ETATS-UNIS D'AMÉRIQUE (histoire des), par Théophile Ménard

ÉTRANGÈRE (l), traduit de l'allemand par Louis de Hessem

FEU DU CIEL (le), histoire de l'électricité, par Arthur Mangin

FOI ET COURAGE, par le R. P Chauveau, de la Compagnie de Jésus

FRANÇAIS EN EGYPTE (les), par J.-J.-E. Roy.

FRANÇAIS EN ESPAGNE (les), par J-J E Roy

FRANÇAIS EN RUSSIE (les), par J-J E Roy

FRANCE CATHOLIQUE EN TUNISIE (la), à Malte et en Tripolitaine Établissements religieux fondés ou protégés par la France, par Victor Guerin, agrégé et docteur ès lettres, chargé de nombreuses missions scientifiques en Afrique et en Orient

FRANCE CATHOLIQUE EN ÉGYPTE (la), par Victor Guérin, agrégé et docteur ès lettres, chargé de nombreuses missions scientifiques en Afrique et en Orient

GLOIRES DE LA MUSIQUE (les), par M. l'abbé A. Laurent.

GRÈCE ANCIENNE ET MODERNE (la), par J. de Marlès

GUILLAUME LE CONQUÉRANT, par M. Todière.

HISTOIRE ABRÉGÉE DES MISSIONS CATHOLIQUES dans les diverses parties du monde, par J.-J.-E Roy

ILLUSTRATIONS DE LA MARINE FRANÇAISE, par L le Saint

LÉGENDES BOURGUIGNONNES, par M. E. B***, curé de Volnay

LOUISE MURAY, par A Desves.

MARIE-ANTOINETTE, REINE DE FRANCE (histoire de), par J-J-E Roy.

MARIE DE BOURGOGNE, par Mˡˡᵉ A. Gerbier.

MARIE-THÉRÈSE D'AUTRICHE (histoire de) par J-J-E Roy.

MERVEILLES DE L'INDUSTRIE, par Arthur Mangin

MORALE PRATIQUE, par G de Gérando.

OASIS DE PLÉNEUF (l'), par Alfred Giron.

OCÉANIE (l'), Géographie, Histoire, Colonisation, depuis les premiers explorateurs jusqu'à nos jours par le comte de Lambel.

PAGE DE LA DUCHESSE ANNE (la), récit de haute et basse Bretagne, par Alain de la Roche

PÈRE TRANQUILLE (le), par F Mussat

PETITE TZIGANE (la), ou l'Enfant perdue et retrouvée, par Louise Hautières

PONSARDIN FRÈRES ; par Mˡˡᵉ Louise Mussat

RÉCITS ... ALSACIEN, par Charles Dubois.

REINE-MARGUERITE, ou une Famille chrétienne, par Mˡˡᵉ A Desves

ROBINSONS FRANÇAIS (les), ou la Nouvelle-Calédonie, par J Morlent

SOUVENIRS D'UN OFFICIER DE CHASSEURS A PIED Extrait des Notices sur les élèves de l'école Sainte-Geneviève tués à l'ennemi

STÉPHANIE VALDOR, par Mᵐᵉ la Cᵗᵉˢˢᵉ de la Rochère

SUR LES BORDS DU FLEUVE ROUGE, par Louis d'Estampes

TEBSIMA, ou l'Exilé du désert, récits historiques et légendaires, par M l'abbé E.B***.

UN RÉGENT D'ÉCOLE, tableau de mœurs strasbourgeoises à la fin du XVIIIᵉ siècle, par Arthur de Jancigny.

UN INVENTEUR MÉCONNU (Frédéric Sauvage), sa vie, ses inventions, par C. Paillart

VALÉRIE DE LIGNEUIL, par Mᵐᵉ la Cᵗᵉˢˢᵉ de Tilière.

VRAI PATRIOTISME (le), par le R P Chauveau

www.ingramcontent.com/pod-product-compliance
Lightning Source LLC
Chambersburg PA
CBHW060128170426
43198CB00010B/1074